Harry H. Clever

Hurra, Rente!

Lieber Heute, als Morgen?

*Freude und Leid des Älterwerdens,
Vor- und Nachteile einer Vorsorge*

2019 Harry H.Clever

Verlag: tredition GmbH, Halenreie 40-44, 22359 Hamburg

ISBN: 978-3-7482-9236-4 (E-Book)

ISBN: 978-3-7482-9234-0 (Paperback)

ISBN: 978-3-7482-9235-7 (Hardcover)

Bibliografische Information der Deutschen Nationalbibliothek: Die Deutsche Nationalbibliothek verzeichnet diese Publikation in der Deutschen Nationalbibliografie; detaillierte bibliografische Daten Sind im Internetüber http://dnb.d-nb.de abrufbar.

Vorwort:

Der Traum von der Rente ist oft viel schöner als dann die spätere Rentenzeit, denn so mancher glaubt und hofft auf eine Vollversorgung im Alter, dem ist aber wirklich nicht so, denn es gibt nur maximal 48 % brutto vom bisherigen gewohnten Geld. Doch da vergessen aber viele, sich frühzeitig darum zu kümmern, denn es gibt immer wieder einmal eine Chance auch die Scharten und Lücken, die eine nicht voraussehbare gründliche Familienstand Änderung, ein Ortswechsel oder Krankheit gerissen haben können, zu schließen.

Das Alter kommt von selbst wenn die Gesundheit mitmacht, nur die ausreichende Rente eben nicht. Darum heißt es schon früh zusätzlich sparen, um zum gegebenen Zeitpunkt für eine Zuzahlung liquide zu sein. Eine eigene Beisteuerung vom Konto ist nicht sehr ratsam, denn das Konto ist vielleicht schneller leer als sie beabsichtigen das Zeitliche zu segnen.

Sehr wichtig ist auch zu bedenken, dass Beträge der Rentenauskunft immer Bruttozahlen sind, davon gehen in jedem Falle zweistellige Prozente an Kranken und Pflegebeiträge ab. Wenn ihre Rentenzeit einigermaßen schön werden soll, müssen sie schon vorher in jüngeren Jahren sich darum kümmern und selbst auch etwas dafür und dazu tun.

Einleitung!

Wenn man fast sein gesamtes Leben gearbeitet hat, und für die Familie da war, dann freut man sich doch nach vielen Jahren auf den wohlverdienten Ruhestand, dafür wurde ja seit vielen Jahren, auch manchmal recht schmerzlich, prozentual Geld vom Verdienst für die Krankenversicherung und eben auch für die Rente abgezogen.

Ständig hatte das Wohl der Familie Priorität und man hat sich an jedem Fortschritt auch erfreuen können, man hat vermeintlich alles im Blick und Griff gehabt. Doch an dieser Stelle irrt so mancher gewaltig, denn die spätere Rente ist genau genommen nur eine Grundabsicherung und ganz gewiss keine Rundumversorgung, im vermeintlichen wohlverdienten Ruhestand, nach vielen Jahren als Einzahler und Rentenanwärter.

Wer nicht vorzeitig, schon in jüngeren Jahren zusätzlich gespart und vorgesorgt hat, der kann dann einem schon recht kärglichen Lebensabschnitt im Alter entgegensehen. Man sollte wirklich nicht erst im Dunstkreis seiner Rentenzeit sich mit diesem Thema befassen. Fast als Widerspruch klingt die Aussage eines Fachmannes: „In jüngeren Jahren muss man ernsthaft an sein Alter denken und handeln, um im Alter gern und dankbar an seine jungen Jahre zu denken".

Aber auch zusätzliches Geld aus diversen Versicherungen kann dann in ihrem Alter beachtliche Nachteile mit sich bringen, mit diesem sehr ernsten und auch vielfältigen Thema befasst sich diese Niederschrift.

Auf dem Wege zum zufriedenen Ruheständler gibt es vieles an Fallstricke und auch an Licht und Schattenseiten zu beachten.

Zusätzlich Sparen für meine Rente?

Warum soll man denn noch zusätzlich für die Rente sparen, die bekommt man doch sowieso und dafür wird doch schon von meinem Lohn regelmäßig ein Teil einbehalten. So oder so ähnlich irrig denken doch heute im Allgemeinen sehr viele Leute.

Doch diese Einstellung ist grundverkehrt, denn es werden ja nur geringe Prozente einbehalten, sie können somit niemals eine Hundertprozentige Absicherung fürs Alter später ergeben, eben nur eine normale Rente in der Form einer Grundabsicherung.

Besonders sind die Frauen in jüngeren Jahren ob, nun bewusst oder auch unbewusst sehr stark betroffen, denn auch das Heiraten ist nicht unbedingt eine gute und völlige rundum Altersversorgung.

Denn die Rente ist ja später leider nicht so üppig wie man sich das in jüngeren Jahren vielleicht vorgestellt hat, selbst wenn ihr Leben glatt verlaufen sollte, bekommen sie nur knapp die Hälfte ihres gewohnten Lohnes als gesetzliche Rente. Das reicht später absolut nicht, denn ihre Belastungen bleiben die Gleichen wie vor dem Renteneintritt, sie halbieren sich eben nicht.

Da muss dann zwangsweise auf vieles liebgewordenes wohl auch verzichtet werden, was heute mit dem Berechnungsschlüssel aber auch schon auf viele Jahre im Voraus so festgeschrieben und unbedingt zu beachten ist.

Die spätere Realität besagt jedoch deutlich, mit etwas weniger als der Hälfte der bisher gewohnten Bezüge, dann aber doch die vollen gleichen Kosten wie vorher zu haben, hört sich schon etwas makaber und unglaubwürdig an, doch das ist später die wahre Rentnerwirklichkeit.

Wer da nicht vorher in jüngeren Jahren sich Gedanken gemacht und vielleicht auch Vorgesorgt hat, hat dann wahrhaftig das Nachsehen, deshalb sollten sie auch bis zum Ende weiterlesen, eventuell können sie ja noch einiges für sich und ihr Später retten und zum Besseren leiten.

Mit solchen Voraussagen und Aussichten könnte es einem ja schon angst und bange vor dem Älterwerden sein, doch wenn man früh genug Gegensteuert lässt sich viel Brisanz aus diesem Thema nehmen.

Einen jüngeren Menschen bei und in einer zwanglosen Unterhaltung einmal auf seine spätere Rente angesprochen, ergibt erst einmal eine etwas flapsige Antwort als Frage, ja wie, sehe ich vielleicht denn schon so alt aus. Ein solcher oder ähnlicher Ausspruch zeigt aber doch erschreckend überdeutlich, dass dieser Mensch genau genommen, verteufelt wenig Ahnung und Bewusstsein über sein doch angestrebtes späteres Leben und vor allem seiner Finanzen zu diesem späteren Zeitpunkt hat.

Wer Jung ist, ob Mann oder Frau möchte ja nicht unbedingt an sein späteres Leben denken, und das dann nicht auch noch in negativer Form. Doch die jugendlichen Vorstellungen vom Alter sind ja immer wesentlich rosiger als man es dann später dann erleben wird.

Bis dahin ist doch noch soooo…. lange Zeit, sich jetzt schon, vorzeitig darüber Gedanken machen ist doch reine Zeitverschwendung, aber dabei wird eigentlich gänzlich vergessen mit jedem Tag wird man ja älter, auch wenn man es im Moment noch nicht so deutlich wahrnimmt.

Dabei ist zu bedenken, eine verlorene Zeit zum Sparen, ganz speziell eben auch für das Alter, also Später selbst in den kleinsten Beträgen lässt sich nicht so einfach wieder einholen.

Auch eine kurze Sozial Versicherungslose Zeit, die auch immer einmal sein kann, kann dann später doch sehr schmerzhaft sein, denn keiner weiß seinen Lebensablauf über die vielen Jahre im Voraus, nicht jeder Traum erfüllt sich.

Es ist doch wirklich schon etwas Kurios, in den jungen Jahren sollte man dringend auch an später, eben an das Alter mit vielen Jahren Abstand denken, was man eigentlich nicht so gerne macht, dann aber im Alter mit dem gleichen Jahresabstand in umgekehrter Sicht umso lieber an die jüngeren Jahre denkt.

Dieses kann dann aber auch sehr schmerzhaft sein, weil einem dann vielleicht erst richtig bewusst werden kann, dass man vielleicht das Eine oder das Andere in den verflossenen Jahren lieber anders getan und bedacht hätte.

Es ist also wirklich wichtig in den Jahren vor der Rente, besonders schon in jüngeren Bereichen, an das spätere Leben ganz speziell zu denken und auch etwas gegen die eventuell später dann drohende Altersarmut in kleinen Raten schon selbst vorab zusätzlich zu tun.

Denn keiner kann sich wirklich sicher sein, dass seine spätere Rente einmal ausreichend ausfallen wird, auch wenn man nicht, wie in jungen Jahren gern gesagt wird, gewiss noch nicht nach einer Gruft riecht.

Egal wie es einmal im Leben läuft, was man logischer Weise ja nicht unbedingt vorhersagen kann, denn man erhofft sich doch eine schöne Zeit ohne Probleme.

Es ist eben besonders dringend schon sehr früh an das Später, an seine eigentlich schön gedachte hoffentlich recht lange Rentenzeit zu denken. Denn wenn man für das Auskommen im Arbeitsleben nur für den Moment denkt und handelt, weil man sich ja auch mal was leisten und gönnen möchte.

Da denkt man vielleicht im Moment schon verkehrt, denn dann liegt es eben aber auch zum größten Teil an einem selbst in wie weit man, vor allem später dann auch ein wirklich ausreichendes Einkommen in Form seiner Altersrente hat.

Grundsätzlich muss man daher einfach konstatieren, wo man nichts hinein tut kann man ja auch nur ein Nichts herausholen.

Soll somit heißen, die durch die monatlichen Abzüge erarbeitete Altersrente ist nur ein kleiner Teil der späteren Versorgung, die dann aber absolut nicht als eine Rundumversorgung im Alter geeignet ist, man muss daher unbedingt noch parallel in kleinen Beträgen, zum Beispiel mit dem täglichen Klimpergeld aus der Tasche hinzu sparen, je früher umso besser.

Das besagt ja auch ein alter Spruch steter Tropfen höhlt den Stein, sinngemäß heißt das, über recht lange Zeit kleine und kleinste Beträge eisern gespart, erspart im Alter ein karges Dasein. Man sollte eigentlich, nein man muss sich sogar schon in recht jungen Jahren mit diesem eigentlich ja noch fernen Thema intensiv befassen auch wenn es im Moment schon fast absurd sich anfühlt.

Zu mindestens sollte man etwas über die Strukturen und Größenordnung der später zu erwartenden Renten und der eventuell auch gefährlichen Stolperfallen wissen, die es in jeden Falle zu vermeiden gilt.

Denn mit jedem angemeldeten Stellenantritt schließt man da ganz nebenbei im Grunde eigentlich nicht nur einen Arbeitsvertrag mit einem Arbeitgeber ab, sondern doch auch und direkt, auch einen gesetzlichen Pflichtsparvertrag mit einer staatlichen Renten Institution ab.

Es gibt dabei aber keinerlei Garantie, dass das über Jahre hinweg erarbeitete und somit angesparte dann auch zu dem später gewünschten und erhofften Leben im Alter passen wird.

Denn in der Daumennorm wird mit den jeweiligen den wenigen, noch nicht einmal zwanzig Prozenten monatlichem Lohnabzug doch nur minimal angespart, das ergibt später ausbezahlt noch nicht einmal die Hälfte eines derzeitigen, letzten gewohnten normalen Einkommens an Rente. Darüber muss wirklich sich jeder junge Mensch, besonders aber die Frauen bewusst sein.

Die Prozentual immerhin rund noch Zwanzig Prozent weniger Verdienst im Schnitt in Ihrem Leben verzeichnen müssen, daher noch etwas schlechter abschneiden, das muss unbedingt bedacht sein, auch wenn man es im Moment als äußerst lästig und müßig ansehen wird, weil es einem doch gerade recht gut geht.

Denn wenn man später dann nach unzähligen Berufsjahren feststellen muss das das die Alterseinkünfte doch etwas kläglich gegen das frühere Einkommen aussehen wird und der gewohnte und lieb gewordene Lebensstandard sich dann nicht mehr so recht finanzieren lässt, dann ist es eindeutig zu spät für grundlegende, helfende und vielleicht auch mögliche wichtige Änderungen.

Grundsätzlich heißt es schon seit Generationen, wer für das Alter nicht vorsorgt, der muss sich dann eben mit kräftigen Einschnitten aus dem gewohnten Leben verabschieden, wenn er in die Rentenzeit eintritt.

Denn nur sich auf die Rente verlassen wäre ein schwerer Fehler, denn genau genommen ist die Staatliche Rente praktisch, wie schon gesagt nur eine Grundabsicherung im Alter. Denn genau genommen ist es dann nur ein Ergebnis der selbst geleisteten Beiträge in den versicherten vergangenen Jahren, da wird ihnen gewiss nichts geschenkt.

Bei den Jungs wird bewusst auf eine fundierte Zukunftsfeste und gut dotierte Ausbildung vielleicht auch noch nach Veranlagung und auf Vorgaben geachtet, doch bei den Mädchen wird viel zu oft recht nachlässig gehandelt, weil der uralte überlieferte Begriff der späteren Versorgung durch Heirat immer noch sehr tief sitzt.

Der allgemeine Weg ist für jeden Heranwachsenden doch im Grunde stets gleich, erst die Schule, dann die weiterführende Ausbildung schnellst möglich hinter sich bringen, aber hier kann schon der kleine unbedachte Grund liegen der dann später einen riesigen Unterschied ausmachen kann.

Dieses ist und war aber bei Mädchen längst nicht so, da wird nicht so stark auf Veranlagung und Wunsch geachtet, da viele junge Frauen ganz natürlich ja auch schon von einer Familiengründung träumen und inspiriert sind, bevor sie ihre eigentliche Ausbildung abgeschlossen haben.

Diese Ausbildungszeiten werden bei Beiden in etwa noch gleich bei den Rentenanstalten, aber auch nur pauschal und nicht unendlich festgehalten und bewertet. Doch das ändert sich, wenn dann bei den Frauen sich Nachwuchs eingestellt hat, dann wird hier zeitlich begrenzt eine Mutter und Erziehungszeit pauschal auch noch bewertet.

Mit wenigen Ausnahmen ist dieser Weg schon deutlich von Kindesbeinen an so vorgezeichnet, so gibt es nicht nur den natürlichen kleinen Unterschied, sondern von Anfang an auch den maßgeblichen Wirtschaftlichen, den es aber unbedingt zu beachten gilt.

Wenn dann in den folgenden Jahren auch noch der zum Teil deutliche Lohnunterschied zum Tragen kommt, stellt sich die Rente doch sehr Unterschiedlich zwischen Männlich und Weiblich dar, auch wenn beide die gleichen Arbeiten verrichtet haben.

Aber die späteren festen Kosten im täglichen Leben, von Mieten und dergleichen bleiben bei Beiden aber wieder gleich hoch und macht dann gewiss auch keinerlei einen Geschlechtsunterschied.

Darum merke man sich schon früh den Spruch:

Rentner werden ist nicht schwer,
zufriedener Rentner sein dagegen sehr!

Der Begriff Rente ist genau genommen noch gar nicht so alt, erst mit Otto von Bismarck wurde dieser Begriff als Gesetz eingeführt und Publik. Früher, davor nannte man das, sich mit völliger eigenen Verantwortung auf das erarbeitete Altenteil vorbereiten und zurückziehen und das wurde meist erst getan, wenn man kaum noch etwas krabbeln und produktiv fertigbrachte.

Doch auch dieses zum Teil recht magere Altenteil musste ja auch damals erst mühselig ein Leben lang erschaffen werden, wer das nicht tat oder konnte, hatte für wahr ein kümmerliches Lebensende, denn er war dann auf die wohlwollende Unterstützung und Gnade seines bisherigen Landesherrn oder seiner Nachkommen voll angewiesen.

Zudem war ja auch die Lebensalter Erwartung damals noch wesentlich geringer als heute, mit Sechzig, wenn man sie überhaupt erreichte, war man da schon überwiegend körperlich und gesundheitlich meistens mit seiner körperlichen Leistungsfähigkeit und seiner Kraft völlig am Ende, der Tag Null des Lebens war für sie dann, wie man es früher gern auch benannte, eine wirkliche Erlösung.

Nur die wenigsten wurden damals ja auch so Alt oder sogar wesentlich älter, weil ja auch die medizinische Versorgung noch lange nicht so selbstverständlich und umfassend war, wie man sie heute bei uns gewohnt ist.

Genau genommen ist es aber auch heute noch so, wer nicht vorzeitig für sein Alter zusätzlich vorgesorgt hat, hat dann wirklich das Nachsehen. Denn die heutige Rente ist in der großen Mehrheit aller Fälle kaum mehr als nur eine Grundversorgung.

Mit der sich das so schön gedachte und angestrebte Alter dann nicht mehr so schön damit bewerkstelligen lässt, man ist dann wirklich auch schon froh, wenn es für die Miete und das Täglich aller Nötigste reicht.

Besonders wichtig ist aber auch, dass man mit dem Tag der ersten Rente nicht das Leben vergisst, also dann sollte man nicht gleich ins totale Nichtstun verfallen, auch der lang erwartete Ruhestand braucht Struktur, Umtrieb und auch eine gewisse Planung.

Was im gesamten Umfang dann aber auch wieder eine finanzielle Frage ist, denn dann müssen zwangsläufig auch sehr oft schmerzliche Einschränkungen hingenommen werden.

Außerdem sollte man heute bedenken das nach dem Renteneintritt in der Norm noch eine Runde, fast zehn bis zwanzig jährige Lebenszeit auf sie warten kann und in dieser doch noch langen Zeit möchte man doch noch einiges mehr erleben, und auch an gesellschaftlichen Umtrieben teilnehmen.

Als dann, nur noch mit einem doch kläglichem Einkommen, auf das doch noch unbekannte ferne Ende des Erdendaseins zu warten. Da ist dann eine soziale krasse Vereinsamung dann ganz schnell geschehen, ohne Moss, also Geld, ist nämlich auch im Alter verdammt wenig los.

Spätestens dann in der direkten Anwartschaftszeit, dem Vorrenten Dunstkreis, so etwa zwischen Fünfzig und Fünfundfünfzig Jahren sollte Einem dann auch schon mal leichte Bedenken gekommen sein, spätestens dann sollte man ernsthaft sich schlau machen und ernsthaft reagieren.

Man macht sich dann auch doch schon Mal vielleicht Gedanken über die Gestaltung der Arbeitsfreien späteren Zeit, ob man sich noch die gewohnten oder auch geplanten Freizeitbeschäftigungen überhaupt leisten kann, denn es gibt im besten Falle eben nur 48% Rente vom gewohnten Einkommen und dies als Bruttobetrag.

Warum habe ich eigentlich nicht, fragt man sich dann doch schon gelegentlich einmal, doch dann ist es eventuell fast zu spät, wenn man nicht vorher etwas gespart hat, denn dann kann man nicht mehr sehr viel daran ändern, weil die dann nötigen finanziellen Mittel eben fehlen können.

Das zu vermeiden war aber eigentlich eine sehr wichtige Angelegenheit, die man selbst schon vor vielen Jahren hätte auch in Betracht ziehen sollen, doch da waren eben andere Prioritäten gefragt und gesetzt, oder man hat das dann einfach viel zu oft auf das ach so beliebte Später verschoben.

Wie man sich frühzeitig etwas Übersicht beschaffen kann, soll in dieser Niederschrift, aber auch nur mit einer so genannten Daumenrechnung zum Vergleich der eigenen Situation unter anderem aufgezeigt werden.

Auch sollte unbedingt trotzdem eine Aufklärung bei einer fachlichen Beratung von der Rentenstelle ab und zu erfolgen. Auch wenn ihr Finanzbild dem folgenden Schema ähnlich recht gut aussieht, sollte trotzdem eine fachliche Beratung hin und wieder eingeholt werden.

Zu bedenken ist auch, dass beim lesen dieser Lektüre mittlerweile doch schon die Eine oder auch die Andere Änderungen in den gesetzlichen Vorschriften und Vorgaben geschehen sind und ihr persönlicher Familienstand und Hintergrund könnte ja sich inzwischen auch gravierend verändert haben.

Gewiss wird sich dadurch keine gravierende persönliche Verbesserung für sie dabei aufzeigen, zu meist schlägt sich das Zeitgeschehen negativ für sie nieder.

Genauso wichtig ist es, dass man sich später auch um den Versorgungsausgleich, der bei einer Scheidung einmal vereinbart und vorgenommen wurde, kümmert.

Da schlummert, beim Tode des Expartners, sonst eventuell eine ihnen zuständige Rentensumme, die aber leider nicht immer automatisch ihnen zu geordnet und gezahlt wird, dass geschieht nur nach entsprechender Beantragung, wenn eine positive Antwort in Aussicht steht ist eine rechtliche Unterstützung dazu sehr ratsam.

Fast paradox erscheint es Einem doch in jungen Jahren, dass man recht früh schon an sein Alter denken sollte, dass entspricht nun mal gar nicht den Gedankengängen eines jüngeren Menschen, doch genau genommen ist das sehr wichtig und zwar für sich selbst am Wichtigsten.

Jahrelang hat man den eigentlich so wichtigen Gedanken an Später ganz gern auf später verschoben, wenn überhaupt einmal darüber nachgedacht wurde, denn das jetzt war einem fast immer in diesen Momenten meist wichtiger.

Aber spätestens jetzt und heute, so mit etwa fünfundfünfzig weiß man dann, dass das verkehrt sein kann, wenn man sich nicht darum kümmert.

Wer sich dann noch keine ernsthaften Gedanken gemacht hat und sich fundierte Informationen sich geholt hat wird bei seinem offiziellen Rentenantritt dann doch meist eine unangenehme Mitteilung vom Rentenamt bekommen, denn wer sich vorher nicht schlau gemacht hat, bekommt es dann Schwarz auf Weiß.

Denn auch dann wird ihnen mitgeteilt wie lange sie noch arbeiten sollten um ihre errechnete vorgegebenen Renteneintrittszeit zu erreichen.

Aber Achtung, die dann amtlich aussehenden angegebenen Zahlen in den ersten Mitteilungen sind nur die zu erwartenden Rentenbeträge als eine Hochrechnung, von einem in jedem Falle Bruttobetrag ihrer Rente, aber auch erst nach der vollen amtlich vorgegebenen Laufzeit der staatlichen Rentenversicherung.

Aber auch nur wenn die volle vorgegebene Einzahlzeit, das sind immerhin noch runde zehn Jahre, ihre Sozialpflicht Versicherungszeit erfüllt wird und es zwischenzeitlich keine gravierenden Änderungen im gesetzlichen, finanziellen oder auch privaten Bereich sich ergeben.

Auch von den Rentenbruttobeträgen werden ihnen ja noch anteilig Krankenkassen und Pflegeversicherung abgezogen, und eventuell auch Steuern berechnet.

Die folgenden Aufzeichnungen und Gedanken sind nicht wissenschaftlich erfasst, sondern eher Erfahrungswerte. Sie sollen ihnen nur als ein kleiner Leitfaden, Anregung und Ansporn sein und vielleicht auch den frühzeitigen wichtigen Anstoß geben sich schon vorzeitig ernsthaft mit dem Alter und seiner Finanzierung auseinander zu setzen.

Die hier im Text angegebenen Zahlen können nur als Beispiele oder Eckdaten zur Berechnung angesehen werden, da sie sich aktuell ja immer wieder, fast im jährlichen Turnus ändern, und auch bei jedem Einzelnen dann doch auch recht unterschiedlich sein können.

Aber sich dann so gut wie gar nicht als eine wirkliche Verbesserung dann herausstellen wird und bei jedem Einzelnen auch anders sich darstellen, doch das Schema der Berechnung wird bleiben.

Vom Lohn werden rund achtzehn bis zwanzig Prozent Abzug verrechnet und später wirklich dann eben nur rund achtundvierzig Prozent des dann aktuellen Monatslohnes als Rente ausbezahlt.

19

Trotzdem sind die Zahlen und Daten doch recht Zeitnah aufgenommen worden und dienen hier eigentlich nur als Vergleichszahlen und für ein erklärendes rechnerisch klares Beispielschema.

Es ist natürlich auch ganz klar das eben nicht alle Rentenanwärter besonders schlecht abschneiden, doch schon eine Krankheit, ein Ortswechsel oder Scheidung kann ein bis dahin gutes Versicherungsbild gänzlich über den Haufen werfen, deshalb der allgemeine Rat immer die spätere Rente unbedingt im Auge behalten.

Genaue Zahlen und Rechenformeln muss man sich zwischen durch und auch Zeitnah vom Rentenberater ihrer Rentenanstalt einholen.

Doch eins dürfte gewiss sein, dieses Schema wird sich so schnell nicht verändern, es werden in den Angaben auch einige Fakten aufgezeigt, an die man in den jüngeren Jahren seines Lebens noch gar nicht denken möchte, aber wiederum dann doch sollte.

Zudem werden auch einige kritische Blicke auf die Gesellschaft allgemein und im Besonderen getan, auch die Hintergründe und diversen Probleme auf dem Weg zum Rentnerdasein werden dabei ein wenig beleuchtet.

Besonders bei den Frauenrenten und deren späteren wirklichen Wert kann man immer wieder feststellen, dass diese Zeit schöner gedacht ist als sie dann später wirklich erlebt wird.

Man kann es drehen und wenden wie man es will, man ist jeder für sich alleine, ganz persönlich schon auch ab den jungen Jahren für seine spätere Rente zuständig und verantwortlich. Auch wenn man in einer harmonischen und glücklichen Verbindung sein ganzes Leben verbringt, aber genau dann ist es besonders wichtig an das Später zudenken.

Denn wenn man mit sich und der Welt zufrieden ist übersieht man schnell gewisse, vielleicht auch lästige Begebenheit die ja noch so fern zu liegen scheinen.

Denn auf Gesundheit und Wohlergehen auf längere Zeit gibt es nun mal keine Garantie und im fortgeschrittenem Alter geht eine radikale Veränderung viel radikaler zu als man sich vorher gedacht hat.

Denn wenn sie im Alter einigermaßen normal leben möchten, dann sollten sie selbst dazu schon recht früh auch zusätzlich beitragen, denn eine ausreichende staatliche Altersversorgung gibt es eben nicht, nur eine mal mehr oder weniger gute genügende Grundabsicherung.

Es kommt doch auch nicht von ungefähr, dass heute so viele Rentner noch irgendwelche Jobs erledigen, oder bei Nacht und Nebel, weil man sich doch auch ein wenig geniert, hinter jedem Leergut her ist und sammelt.

So wie dieses Wort schon überdeutlich klar sagt, es ist wirklich eben fast nur eine Grundabsicherung und eben keineswegs ein Rundum Sorglospaket.

Denn es liegen im Grunde nur wenige Prozente zwischen der normalen allgemeinen sozialen Unterstützung und eben der gültigen Rentengrundsicherung.

Der gravierende Unterschied liegt nur darin, dass bei der Rente die Höhe eben durch seinen gemeldeten und aufgeführten früheren Verdienst errechnet wird und bei der Sozialunterstützung dann eben der momentane geringste Bedarf einer Person ermittelt wird.

So kann es auch schon Mal vorkommen, wie es so vielleicht zu oft zu sehen ist, dass die persönliche Grenze einer Rente noch weit unter dem sogenannten Sozialsatz nach vielen Jahren harter Arbeit und Familienführsorge liegt.

Vielleich weil man im zurück liegende Leben des Öfteren Pech gehabt hatte, oder einfach auch zu nachlässig war und die spätere Altersversorgung nie ein wichtiges Thema, oder auch keines Gedanken wert war.

Dieses rächt sich dann aber doch auch sehr stark, denn man ist nun Mal selber dafür verantwortlich und auch daran Mitschuld, wenn es dann später nicht mehr so rosig wie vorgestellt im Alter aussieht.

Man muss es ganz deutlich und auch knallhart sagen, wer nicht frühzeitig weitsichtig voraus gespart und gehandelt hat, muss sich dann später doch auf recht magere Jahre im Alter einstellen.

Wer da nicht früh und vorzeitig zusätzlich geplant und gehandelt hat, wird Gesellschaftlich vielleicht, dann doch ein recht begrenztes karges Leben im Rentenalter haben.

Denn gesellschaftlicher Umtrieb kostet eben nicht gerade wenig Geld, den gibt es eben auch nicht zum Nulltarif. Da muss noch nicht einmal ein exklusives gedacht sein, denn auch die Beiträge von Vereinen können ganz schön ins Geld gehen.

Wenn später dann die Gesetzliche Rente gerade Mal für die Miete und die nötigen Nebenkosten oder auch andere wichtige Lebensnotwendige Kosten gerade noch ausreichen wird. Da ist eine Tageszeitung schon fast Luxus, auch die seit Jahren selbstverständlichen gewohnten Vereinsbeiträge sind einfach nicht mehr machbar, oder auch ein Theaterbesuch, das sind dann schon Beträge die die normale Rente dann einfach nicht mehr hergeben könnte.

Da ist dann schon der Gedanke an einen schönen Theaterbesuch, ein unterhaltsames Treffen mit Freunden oder sogar eine kleine Reise, ein doch utopisch frivoler Gedanke, weil man es sich dann einfach nicht erlauben kann.

Eine gesellschaftliche Ausgrenzung ist dann schon sehr schmerzhaft und schnell geschehen, denn durch die frühere Einbindung in der Arbeitswelt hat man es dann doch nicht so direkt bemerkt, dass der Radius im gesellschaftlichen Leben eben doch begrenzt war und mit den Jahren fast unmerklich immer weniger wurde, auch weil viele der Weggefährten mittlerweile auch schon gestorben sind.

Dann im fortgeschrittenen Alter sich in schon bestehende jüngere Kreise einzubringen ist auch nicht unbedingt einfach und zudem nicht jedermanns Sache.

Da droht dann später, auch durch Resignation, doch auch eine schmerzliche soziale Vereinsamung, eben weil man sich diesen Luxus, von Treffen und sozialen Veranstaltungen auch nicht mehr leisten kann.

Denn die gesellige Teilnahme an den sogenannten Kaffeekränzchen, in sozialen Einrichtungen sind ja auch mit Ausgaben, den kleinen Obolus in die Kaffeekasse wie auch eventuelles Fahrgeld und ähnlichem verbunden.

Auch solche Miniausgaben summieren sich in einem Monat schon und kann den finanziellen Rahmen dann doch schonmal sprengen.

Ein solcher herber Einschnitt ist dann besonders gravierend bei Personen die eigentlich doch gerne unter Leuten sind und auch Kommutativ stets rege waren.

Wer gibt solche Zwangslagen dann aber auch schon gerne zu, man verkriecht sich dann resignierend in sein Mauseloch und denkt nur noch an die schönen alten Zeiten zurück.

Wenn dann der Tafelladen nur noch, fast die einzige Möglichkeit ist, günstig Einzukaufen und sich vielleicht in der Allgemeinheit etwas zubewegen und zu unterhalten, dann hat man wohl schon die untere Stufe des sozialen Miteinander deutlich erreicht.

Wie oft kann man auch immer wieder vernehmen das ein alter Mensch schon geraume Zeit Tod in seiner Wohnung vorgefunden wurde, dass dürfte dann doch wohl die Krönung der sozialen Vereinsamung darstellen.

Wenn jetzt einer sagt, dieses wird mir nicht passieren der rechnet heute nicht mit den Problemchen und den Unabwägbarkeiten die ihn im Alter eventuell dann doch auch ereilen können.

Die Gründe, dass das Geld nicht mehr reicht muss ja auch nicht unbedingt selbst verschuldet sein, außer dass man nicht früh genug vorher sich ernsthafte Gedanken über das Leben nach dem Rentenbeginn im Ruhestand gemacht hat.

Die allgemeine Teuerungsrate bewirkt da auch noch einen fast makabren Anteil denn die steigt unaufhörlich, was Einem heute noch machbar erscheint, lässt sich vielleicht morgen nicht mehr umsetzen.

Wer das trügerische Bild vor seinem geistigen Auge hat, dass man gemütlich und fast Zeitlos, da ja keine täglichen Pflichtaufgaben auf einen warten, dann vielleicht auf einer sonnigen Parkbank mit seinem Partner sitzen und die Natur und die Zeit genießen kann und den Enten und Schwänen auf dem Gewässer zusieht. Dabei dann aber nicht über irgendwelche quälende Tagesprobleme sich den Kopf zerbrechen muss.

Das dürfte wohl in den seltensten Fällen heute noch passieren. man muss dann ernüchtert feststellen, dass das nur eine alte Sinnestäuschung ist und war.

Denn die Zeiten wo die staatlichen Renten normal noch solche geruhsamen Idyllen zugelassen haben, sind schon länger vorbei, denn das Rentenlevel ist um beachtliche rund zwanzig Prozentpunkte mittlerweile gesunken.

Wo unsere Altvorderen noch eine ausreichende Rente erwarten konnten, gibt es heute nur noch eine Grundabsicherung, wie der Gesetzgeber die Rente ja auch indirekt so bezeichnet.

Deshalb muss man nochmals eindeutig darauf hinweisen, die Rente ist kein Dankeschön vom Vater Staat für langjähriges fleißiges Wirken, sondern nur die Summe ihrer über Jahre hinweg geleisteten Einzahlungen in der Form ihrer stets als lästig angesehenen Abzüge.

Wie auch schon erwähnt, diese im Allgemeinen lästigen Abzüge sind eben und waren nur ein kleiner Prozentsatz von ihrer gewohnten Arbeitsentlohnung, die über viele Jahre praktisch Zwangsweise für sie angespart werden, um ihnen im Alter dann nur eine gewisse Grundabsicherung, eben keine Vollversorgung dann gewähren zu können. Was nachfolgend auch detaillierter noch erklärt wird, es kann keine Hundertprozentige Altersversorgung sein und sich daraus auch nicht ergeben.

Ganz eindeutig muss man sagen, wer da nicht früh genug darüber sich bewusst ist und dieses sein Leben lang bedenkt ist dann später auch ganz alleine an einer etwaigen Misere selbst schuld. Denn der Staat, besser gesagt das amtliche Rentenamt kann ja eben nur das Verwalten was er jeweils von seinen späteren Rentnern vorher durch Lohnabzug erhalten hat.

Nur durch zusätzliches eisernes Sparen über viele Jahre hinweg lässt sich das eventuelle negative Erwachen zum Rentenbeginn etwas abmildern.

Wer in seinem Leben da zu leichtfertig gehandelt und gedacht hat, kann dann wirklich auch keine großen Summen erwarten. Denn die spätere Rente ist nun mal keine finanzielle Vollversorgung, ohne persönliches Dazutun bleibt es eben nur eine Grundversorgung.

Sollte sich ihnen später bei der Rentenberechnung die als zu erwartende Rente als ausreichend darstellen, dann haben sie das inzwischen zusätzlich angesparte Geld auch nicht vergebens zurück gelegt, denn einen lang gehegten Wunsch kann man dann vielleicht sogar mit ruhigem Gewissen wahr werden lassen.

Das über Jahre angesparte kann ja auch sehr zweckmäßig bei dem altersgerechten Umbau der Wohnung oder besonders für das Bad richten genutzt werden. Also auch so gesehen lohnt es sich, schon recht lange Zeit den kleinen Obolus speziell für das fortgeschrittene Alter beiseitegelegt zu haben.

Es ist wirklich ratsam in dieser beschriebenen Weise frühzeitig an das Alter zu denken, auch wenn einem das in jungen Jahren eigentlich gar nicht in den Sinn kommen möchte.

Sind Frauen besonders benachteiligt?

Auf diese fast ketzerische Frage muss man leider nur mit einem ganz deutlichen **Ja** antworten und das wird einiges an Unverständnis von und bei vielen Leuten hervorrufen.

Denn die Fakten sprechen da eine recht deutliche Sprache, denn nach der Ausbildung kommt in den meisten Fällen ja doch recht schnell die so schön gedachte Familienplanung, doch Romantik bekommt man ja nicht bezahlt und auch kaum Rentenansprüche dafür.

Von Schön denken und träumen ergibt sich in keiner Weise eine anrechenbare Rentenversicherung, die aber besonders in jungen Jahren sehr wichtig ist. Denn die Laufzeit, also die Zeit die ich Sozial versichert war, ist Faktor eins, erst dann zählt der Faktor zwei, das ist die Prozentuale Summe die mir laufend von meinem Einkommen abgezogen wurde.

Eine Familie ist genau genommen aber doch auch ein kleines wirtschaftliches Unternehmen, das über Jahre überlegt und gekonnt geführt werden muss, bei dem es aber den Beruf einer voll ausgelasteten Hausfrau im gesetzlichen Wortlaut ja nicht gibt. Denn bei vielleicht zwei oder drei Kindern wird die Haushaltführung schon beachtlich umfangreich, die sich dann aber deutlich über viele Jahre erstrecken kann.

In der man aber nicht direkt selbst Rentenpflichtversichert ist da in dieser ganzen Zeit keine persönlichen Rentendienliche Beträge erwirtschaftet werden. Denn Hausfrau sein erfordert über viele Jahre schon den vollen Einsatz einer Frau.

Wenn dann aber zur Aufbesserung der Haushaltskasse dann auch noch ein wenig hinzuverdient werden muss, ist es meist im Besten Fall eine Minijobbezahlung und somit auch nur ein Minibetrag in die Rentenkasse, wenn überhaupt möglich.

Auch die Anrechnung der Mutter, Erziehungszeit und auch das Kindergeld erfolgt nur in einem wesentlich geringeren Rahmen als wenn man voll Berufstätig geblieben und gewesen wäre.

Wenn man hier etwas sarkastisch sagt, wenn die Frau keine Familie gegründet hätte wäre sie im Alter besser dran, aber dafür hätte der Vater Staat dann keine Kinder und somit selbst auch keine Zukunft.

In Kurzform also gesagt eine Monetär besser gestellte Frau im Alter, aber gewiss doch ein recht Kinderarmer Staat.

Ein recht alter Spruch sagt es schon überdeutlich:

„Eine Mutter kann sieben Kinder
oder sogar auch mehr behüten,
betreuen und versorgen,
aber im seltensten Fall
können sieben Kinder eine Mutter
im Alter betreuen und versorgen„

Eine Mutter würde wohl ihr letztes Hemd, vielleicht sogar ihr Leben für das Wohl ihres Kindes geben, doch das gleiche von einem Kind im späteren Alter einer Mutter zu erwarten ist wohl kaum realistisch.

Sehr oft spielen dann bei den dann erwachsenen Kindern eventuell auch die großen Entfernungen der einzelnen Familienmitglieder auch noch eine entscheidende Rolle, denn man muss ja auch in die Nähe seines Broterwerbes ziehen. Denn jeder hat ja auch täglich seine eigenen Sorgen und Nöte mit eben seiner eigenen Familie zu bewältigen.

Diese überlieferte alte schon seit unzähligen Jahren andauernde Ungleichbehandlung lässt sich nur durch eine zielgerichtete durchdachte Reaktion der Frau entschärfen, in dem sie früh genug grundsätzlich etwas für sich selbst, aber wirklich nur für sich, für ihre spätere Rente tut.

Daher ist es bei den Frauen besonders wichtig das schon sehr früh darüber nachgedacht wird, was passiert dann, wenn der Lebensablauf nicht ganz so glatt verläuft wie man sich das einmal gewünscht hat. Keiner kann seine Zukunft voraussehen, denn auch mit dem natürlichen Kinderwunsch kommt schon der erste gravierende Einschnitt, der genau durchdacht werden muss.

Denn auch verheiratet sein ist genau genommen eine recht schlechte Rentengestaltung, auch eine junge Mutter wird einmal eine Großmutter werden und auch dann sollte der spätere Lebensablauf seine geordnete Struktur haben.

Man kann es nur hoffen und anstreben, ob dann auch die ersehnte traute Zweisamkeit, ob nun mit Kind oder ohne wirklich das ganze Leben bestand hat weiß keiner vorher, doch das kann das spätere Rentenbild schon erheblich beeinflussen.

Das Leben hat nun Mal viele unkalkulierbare und nicht voraussehbare Höhen und Tiefen, wenn sie als sogenannte Hausfrau wegen der Familie dann ein paar Jahre nicht richtig Rentenpflichtversichert sind. Da entsteht schon ein gewaltiges späteres Rentenloch, unter Umständen verliert man sogar den gesetzlichen Rentenanspruch gänzlich, wenn man dann gewisse Kriterien nicht mehr erfüllen kann oder nicht erfüllt hat.

Wenn, warum auch immer nach vielen Jahren eine Scheidung ins Haus steht, kommt die ganze Misere der späteren Rentensituation erst richtig ans Tageslicht. Da lässt sich dann vielleicht noch was retten, aber auch nur wenn man sich intensiv bei der Rentenanstalt darum gekümmert hat, da hilft auch der geringe gesetzlich vorgegebene Ausgleich nicht mehr viel.

Denn ein großes Loch in der Rente bleibt trotzdem zurück, da kann man sehr schnell feststellen, dass mit einem schon seit Jahren vielleicht auch heimlich angesparten oder zurück gelegten Betrag das schlimmste dann durch Nachzahlungen in die Rentenversicherung vermieden werden kann.

Hierfür hat der Gesetzgeber bis Heute, aber auch noch keine befriedigende Lösung und Regelung gefunden. Hier muss die Frau selbst sehr schnell aktiv werden und sich die nötigen Auskünfte von dem Amt holen.

Ratsam ist es hier schon dieses früh zu tun, vielleicht auch schon, wenn ernsthafte Anzeichen einer bevorstehenden Trennung sich abzeichnen. Lieber einmal etwas verfrüht nachfragen als hinterher sagen müssen, hätte ich doch.

Ihre persönliche Rentenauskunft gibt ihnen dann den wirklichen momentanen Rentenstatus und zeigt vielleicht auch zugleich Möglichkeiten auf, wie sie ihre persönliche Rentensituation dann doch noch aufbessern können, in dem man Lücken schließen kann.

Zugegeben wer hat schon in einer solchen Situation auch noch den Kopf sich dann noch mit den eventuellen späteren Rentenfragen und Problemen nach vielen Jahren trautes Familienleben zu befassen, doch es muss im eigenen Interesse so Früh und auch Zeitnah wie eben möglich sein.

Selbst wenn in dieser Hinsicht alles normal verläuft gibt es doch auch einen Wehrmutstropfen, wenn sie mit ihrem Lebenspartner gemeinsam dann in den wohlverdienten Ruhestand gehen und bisher eine schöne traute Zeit miteinander erleben konnten.

Wenn dieser aber vor ihnen verstirbt, bekommen sie zu ihrer geringen eigenen Rente nur eine prozentuale verminderte Witwenrente, also nicht die gleiche Rente wie sie ihr Partner bekommen hätte oder hat.

Deshalb sollten die Frauen diesen gravierenden Fakt stets schon von Beginn ihrer Ausbildung an auch mit im Blick haben, denn bei den Frauen ist eine lange nicht unterbrochene und nicht zu geringe Rentenversicherung sehr wichtig. Um nicht im Alter dann noch in Minijobs oder als Geringverdiener arbeiten zu müssen.

Denn auch nur verheiratet sein ist in diesem Falle ohne eigene persönliche langfristig gedachte Vorsorge die schlechteste Altersversorgung die es gibt.

Es gibt für junge Familien eine verwirrende Vielzahl an so genannten hilfreichen und sozialen Programmen und Möglichkeiten, die für die Frauen und Familien im Laufe der Zeit entstanden sind.

Diese öffentlichen Leistungen wirken sich meist aber nur für den vielleicht problematischen Moment aus, aber für die spätere Rentenzeit haben sie ganz selten einen steigernden oder auch bedeutsamen Wert, außer dass man sein Anwartschaftsrecht aufrechterhält.

Deshalb ist es besonders für Frauen schon von jungen Jahren an überaus wichtig, wie schon erwähnt mit kleinen Beträgen kontinuierlich ein kleines Geldpolster sich zu erschaffen, hier sollte man wieder an das Klimpergeld in der Tasche denken, denn diese fast ungeliebten Münzen können über Jahre gesehen ein schönes Sümmchen ergeben.

Das dann später so im Laufe der Fünfziger Lebensjahre als Zuzahlung oder vielleicht auch Einmalprämie die gesetzliche Rentenversicherungssumme aufzustocken dienen kann.

Auch wenn es der natürlichen Mentalität einer Frau, alles für die Familie und die Kinder zu tun, fast zuwider ist, sollten sie an dieser Stelle, vielleicht auch etwas Egoistisch nur an sich und ihre spätere Altersversorgung denken. Und nicht nur um kleine momentane Begehrlichkeiten in der Zwischenzeit zu befriedigen.

Es ist eben schon in ganz jungen Jahren, besonders bei den Frauen wichtig, kontinuierlich und beharrlich mit auch ganz kleinen Summen für ihre eigene spätere persönliche Altersvorsorge selbst zu sorgen.

Denn der Mann ist genau genommen für die Frau nur die halbe Altersversorgung, auch wenn alles eigentlich in geordneten Bahnen verlaufen ist, denn auch eine Witwenrente ist später dann absolut auch keine rundum Versorgung, da sie sich prozentual aus den Einkünften des Mannes errechnet.

Denn von dem rechnerisch halben Einkommen des Mannes als Rentner, bekommt die Frau als Witwe wiederum nur einen gewissen Prozentsatz, aber die täglichen Kosten werden wie im alten Rahmen ja weiterlaufen. Hier ist es wirklich für die Frauen angeraten etwas mehr Eigennutz zu entwickeln, denn sehr schnell ist gespartes Geld Mal schnell zwischendurch ausgegeben, doch es dauert dann doch unendlich lange Zeit diesen Betrag wieder einzusparen.

Dieses vielleicht auch heimlich gesparte Geld sollte zu jeder Zeit gegen alle kurzfristigen und momentanen Begehrlichkeiten gesichert gehandhabt werden, es heißt immer und stets für sie selbst „mein Rentengeld".

Auch bei starken Engpässen sollte dieses Geld nicht angerührt und eingesetzt werden, denn sie können es sich noch so ernsthaft vornehmen, den abgezweigten Betrag, mit einer falschen Vorstellung, es bald wieder zurück geholt zu haben wird nicht funktionieren, sie werden es so gut wie nicht mehr reinholen.

Denn rechnerisch müssen sie doppelt einsparen, erstens ihre gewohnte Sparrate und zusätzlich das sich selbst geliehene Geld wieder einzahlen, und das in der Zeit wo die Haushaltskasse sowieso schon geschwächt ist, das kann nicht funktionieren.

Bei den Frauen wird es ja schon seit ewigen Zeiten in der Gesellschaft als selbstverständlich angesehen, dass sie spätestens mit der Heirat oder bei einem Kind die persönliche staatliche Pflichtversicherungszeit für lange Zeit praktisch aufgeben, in dem man zu Hause bleibt und nur noch für die Familie da ist.

Dieses zwangsweise dann entstehende Rentenloch würde sich nur schließen lassen, wenn die Tätigkeit einer Hausfrau als ein versicherter Beruf offiziell geführt würde. Es wäre vielleicht eine wirkliche Verbesserung, wozu der Autor unbedingt auch seine Zustimmung geben würde.

Selbst bei dem Splitting in der Erziehung oder auch andere unterstützende Hilfsprogramme über längere Zeit ziehen die Frauen meist den Kürzeren. Denn bei allen in Frage kommenden Berechnungsformen für Frauen sind die maßgeblichen Prozentangaben stets geringer als bei den Männern. Denn hierbei wird kaum etwas oder nur kräftig vermindert für die so wichtige spätere persönliche Altersgrundversorgung getan, da diese Programme ja auch im Grunde nur für den Moment als Hilfe gedacht sind.

Selbst sogenannte Geringbeschäftigungen würden nicht eine Lücke in der Rentenversicherung schließen, dieses hilft zwar das momentane Haushaltbudget aufzubessern, aber bei der eigentlichen späteren Rentenberechnung ergibt es keinen Nennenswerten Aspekt. Es ist dringend angeraten diesen und auch noch viele andere Aspekte der Altersversorgung bei den Frauen zu berücksichtigen.

Es gibt da eine wirklich verwirrende Zahl an recht schön klingenden Möglichkeiten in dem überaus großen und kaum überschaubaren Flickenteppich der allgemein gut gemeinten sozialen Programme.

Dabei ist unbedingt zu beachten, geschenkt bekommen sie nirgend wo und von Niemanden etwas, auch wenn es sich im ersten Moment so anhören mag, eine Bewertung für ihre spätere Rente, wie bei einem Gehalt werden sie da kaum haben und erhalten.

Mit den diversen Programmen wird die Frau ja in der Regel regelrecht animiert sich eine Auszeit oder eine Familienzeit zu gönnen, das ist nur bedingt lobenswert, da bei diesen verlockenden Angeboten kaum etwas für eine persönliche Altersversorgung getan werden kann.

Selbstverständlich verleiten solche helfenden Programme auch dazu sich mehr Zeit für die Familie zu gönnen, wer würde da schon ablehnen, doch auch den Nachteil muss man dabei ernsthaft im Auge behalten.

Grundsätzlich muss man knallhart Konstatieren wo nichts, oder kaum etwas, also vermindert in die Rentenkasse eingezahlt wird, da kann auch nur eine verminderte Auszahlung später erwartet werden. Und genau das, diese helfenden Momentlösungen bedeuten aber in den meisten Fällen ein gewaltiges Loch in der späteren persönlichen Altersversorgung.

Einen speziellen guten Rat kann man hier eigentlich nicht geben, jeder sollte es immer mit dem Blick auf Später konsequent für sich selbst entscheiden.

Lieber heute einmal auf ein Eis oder andere kleine im Moment unbedachte Annehmlichkeit verzichten, was im Grunde gar nicht so schwer fällt, als später dann, vielleicht erst oder gar nicht daran denken zu können.

Doch eine Frau sollte sich so wenig wie es eben möglich ist, in eine auf längere Zeit ausgelegte völlige finanzielle existenzielle Abhängigkeit von ihrem Mann begeben, denn bei einer Altersversorgung gibt es keinen Bonus für viele glückliche Ehejahre.

Hier gilt grundsätzlich verlorene, nicht Selbst oder Pflicht versicherte Zeit, die kann man nicht mehr oder kaum noch aufholen, es sei denn man hat frühzeitig etwas gespart und kann mit dem Gesparten dann die späteren offensichtlichen Lücken vorzeitig bei der staatlichen Rentenversicherung direkt oder aber mit einer reellen Zusatzversicherung schließen.

Denn die selbstverständliche mit großer Hingabe geleistete Familien Fürsorge wird nur mit einem ganz geringen Anteil durch begrenzte Erziehungszeit und dergleichen berechnet und nur mit einem späteren Anrecht auf eine persönlichen und wohlverdiente Altersversorgung bedacht.

Es findet eigentlich keine direkte Wertsteigerung ihrer Rente statt, darüber und das spätere Ausmaß und eventueller Anrechnung sollten sie sich unbedingt bei dem zuständigen Rentenversicherung Träger beraten lassen.

Der geringste Zugewinn für eine Rente bei Frauen ergibt sich aus der Zeit in der sie nur ausschließlich für die Familie gearbeitet hat.

Denn hierbei werden gewiss kaum deutlich anrechenbare für später wichtige Renten und Versicherungszeiten zusammenkommen selbst bei der Nutzung der angepriesenen speziellen Familienprogramme.

Diese Zeit wird im allerschönsten Verwaltungsdeutsch als begrenzte pauschale Erziehungszeit oder Ähnliches deklariert und gerechnet und der Rest als Fehlzeit konstatiert und bewertet, wird also dann unter Umständen auch mit einer kräftigen Null multipliziert, das einzige Positive, dass man dabei erreicht hat ist, dass man seine Rentenberechtigung aufrecht erhalten hat.

Über dieses Problem sollte die Frau von heute sich eingehend schlau machen und dieses auch mit ihrem Lebenspartner in aller Klarheit besprechen und eine gemeinsame Lösung schon recht früh anstreben, denn später ist eben zu spät.

Erst mit dem Sechszigsten Lebensjahr dieses Problem angehen zu wollen ist eindeutig zu spät, denn die Rentenanstalt rechnet ja auch nur mit ihren geleisteten Beiträgen und deren laufende Verzinsung, da wird nichts geschenkt.

Der allgemein übliche Begriff „Hausfrau„ ist absolut keine Versicherungspflichtige Berufsbezeichnung, man kann es fast mit dem Begriff Freiberufler in etwa gleichsetzen, auch dieser muss sich ja selbst versichern und ist daher für seine ausreichende spätere Altersversorgung auch selbst voll verantwortlich.

Selbst eine langjährige glückliche Ehe erbringt für eine Frau keine nennenswerten persönlichen Gutschriften in der gesetzlichen Rentenversicherung, denn Hausfrau und Mutter wird nicht als Beruf gewertet, das geschieht eigentlich nur durch eine volle Versicherungspflichtige Anstellung.

Doch als voll ausgelastete Mutter und Hausfrau, noch eine volle Anstellung anzustreben ist nicht auf Dauer und kaum praktikabel, denn beides zusammen ist eben nicht unbedingt machbar.

Darum sollten Sie die angebotenen Programme auch in dieser Richtung genauestens prüfen, denn bei den allgemeinen Auskünften wird gerne doch nur die momentane Zeit und Problematik gesehen. Aber nicht die wirkliche Wertsteigerung die doch neben der Versicherungszeit die zweite doch allemal sehr wichtige Grundlage einer Altersversicherung, sprich späteren Rente ist.

Bildlich gesagt, wer in seinem Leben nur Bruchstückweise eingezahlt, also nur zeitweise Sozial versichert gearbeitet hat kann auch nur Bruchstücke später erwarten.

Denn Erziehungszeiten und derartige Anrechnungen wiegen den eigentlichen Verlust später nicht auf, sie haben im Grunde eben kaum einen steigernden Wert, höchstens nur eine gewisse Bestandsicherung. Das Raster der Versicherungen ist eben doch recht grob, da kann man auch schnell einmal durchfallen, und es gibt da eben nur einen, dem man an der späteren Misere vielleicht die Schuld zuschreiben kann, dass ist man dann in jeden Falle eben selbst.

Immer wieder geben die Rentenversicherungsanstalten ihren Versicherten gelegentlich leider unregelmäßig die Möglichkeit einer Nachzahlung zum Lücken füllen oder und zur Aufbesserung einer Rente. Doch hier ist eine eingehende Beratung bei der zuständigen Rentenanstalt auch dringend angeraten. Wohl dem der Frühzeitig den vorab gegebenen Ratschlag beherzigt hat und etwas separat angespart hat, denn der Jenige kann mit seinem in auch kleinsten Beträgen, zusammen getragenem ersparten Geld vielleicht bestehende Lücken oder den größten Teil nun davon schließen.

Doch dieses sollte man nicht auf den letzten Drücker, also nicht unmittelbar kurz vor der Rentenzeit tätigen, am besten eignen sich da die Mitte der fünfziger Jahre, also rund zehn Jahre vor der beginnenden Rentenzeit.

Denn die Rentenanstalt kalkuliert ja auch mit Laufzeiten und Zinsen, eventuell verzinst sich dann ihr Geld bei der Rentenanstalt vielleicht sogar etwas besser als auf dem allgemeinen Geldmarkt.

Zu bedenken ist auch das ihr Geld bei einer Bank auch nur endlich ist, mit jeder Abbuchung verringert sich auch ihr Vermögen und wenn das Konto dann irgendwann leer ist gibt es auch keine weitere Auszahlung mehr und der eigene Rentenzuschuss ist vielleicht vorzeitig versiegt.

Das kann ihnen aber bei der Rentenanstalt eben nicht passieren, denn ihre Rente bekommen sie ja solange sie leben, doch auch dieses Geld brauchte ja auch seine gewisse Zeit um anwachsen zu können.

Aber auch in diesem Fall, wie in vielen anderen muss man sich eben auch selbst intensiv darum kümmern denn diese Möglichkeiten zu einer Aufbesserung sind eben nicht Turnusmäßig und auch nicht immer möglich.

Es lohnt sich also auch wenn man sich in etwas jüngeren Zeiten um sein späteres Einkommen kümmert und nicht als ganz normal, es wird schon werden und reichen, ansehen.

Hier bestätigt sich in jedem Falle, dass die Gedanken die man sich in jüngeren Jahren macht, man sich im späteren Leben ersparen kann.

Um dann im Umkehrschluss nicht feststellen zu müssen das man einfach zu spät sich diese doch sehr wichtigen Gedanken gemacht hat und den günstigen Zeitpunkt einfach nicht wahrgenommen hat und sein angestrebtes Wohlergehen im Alter einfach verspielt oder sogar vergessen hat.

Ein altes Sprichwort sagt es auch hier schon überdeutlich:

Spare in der Zeit, so hast du in der Not!

Rentnerdasein, diesem Lebensabschnitt sollte man bewusst mit Überlegung und auch mit etwas Berechnung entgegen gehen, wer sich das aber vorab ersparen will, muss dann später erst recht sparsam sein.

Um nicht zu sagen, alles muss man im Leben ja erst lernen um damit vernünftig umgehen zu können, warum nicht auch das Rentner und Alt werden und sein.

Allbekannte Aussprüche besagen es ja auch sehr deutlich:

Alt werden möchte jeder, aber Alt sein will dann keiner!

oder auch:

Geld ist nicht alles, aber ohne Geld, ist alles nichts!

Diese Sätze haben den Autor unterschwellig und unbewusst eigentlich auch sein ganzes Leben lang begleitet, doch wie ernst und wichtig sie waren, wurde auch ihm erst so richtig im Rentendasein bewusst.

Es bestätigte sich, dass alte Sprüche doch einen recht großen Wahrheitsgehalt haben, denn sie sind eben auch durch Mal gute oder auch Mal schlechte Erfahrungen entstanden.

Nur wer sich wirklich rechtzeitig selbst um seine spätere Rentenzeit bemüht kann beruhigt später dann auch in Rente gehen, denn wer sich vorher und besonders später auf andere verlässt, der ist verlassen.

Sinngemäß kann man auch sagen, was nütz das schönste liebgewonnene Sparschwein, wenn man nichts hineintut, da kann das sogenannte Klimpergeld aus der Geldbörse schon auf Dauer einiges zusammenbringen.

Genau so muss man das Rentenwesen sehen, wenn man nur Bruchstückweise und wenig hinein zahlt, bekommt auch genau so wenig und auch nur ein Stückwerk als das sogenannte Ruhegeld heraus.

Denn gerade in der Zeit vorher, wo es einem verhältnismäßig gut geht, wo man mit seinen Einkünften sich auch mal etwas Besonderes leisten kann, gerade dann sollte man an das Später denken und für beständige Rücklagen und Werte durch kontinuierliche kleine Summen sorgen und dass so früh und beständig wie eben möglich.

Das Geld das man in der Tasche oder auf dem Konto hat muss ja auch nicht unbedingt gleich unüberlegt ausgegeben werden, nur weil man sich gerade kurzfristig Mal etwas leisten kann.

Als Daumennorm gesehen, von dem aktuellen Verdienst gerade mal ein Prozent als Rücklage konsequent recht früh zurückgelegt bringt später eine beachtliche Basis und Aufwertung für ihre Rente.

Wahrscheinlich wird fast bei Jedem auch mal eine weniger gute finanzielle Zeit kommen und dann ist man später sehr froh das man in guter Zeit etwas zusätzlich gespart hat, das aber dann nicht für den momentanen Engpass gleich wieder zweckentfremdet werden sollte.

Denn in finanzschwachen Zeiten, die immer mal sein können, werden ja auch bei der staatlichen Rente weniger eingezahlt, dass kann sich dann später unter Umständen sehr schmerzlich bemerkbar machen kann.

In jeden Fall sollten sie sich den kleinen Luxus leisten für später einen kleinen Obolus grundsätzlich monatlich zusätzlich zu ihrer staatlichen Altersversorgung als eine gewisse eiserne Reserve separat zurückzulegen.

Wer gönnt sich nicht gerne mal etwas Gutes oder auch mal was Besonderes, der große und kleine Anreiz ist ja auch überall gegeben. Da ist ein nicht ungefährlicher Gedanke dann ganz schnell zur Stelle, sparen kann man ja immer noch, aber ob es einem dann auch möglich ist, weiß eben niemand und es steht auch nicht in den so gern zitierten Sternen.

Diesen Gedanken oder auch die entsprechende Aussage kann man immer wieder in fast allen Altersbereichen bis etwa zur Mitte der vierziger Jahrgänge hin vernehmen, obwohl genau das eine grundsätzliche falsche Einstellung sein kann.

Je früher man konsequent monatlich einen kleinen Betrag anspart und sei er im Moment noch so gering, diesen aber dann nicht für jeden momentan und spontan aufkommenden Nutzungsgedanken oder einem momentanen Engpass gleich wieder verbraucht, dieser Minibetrag ist wirklich nur für die persönliche Rente und sonst tabu, um diesen Fakt noch einmal ganz deutlich zu betonen.

Das ist besonders bei den Frauen überaus wichtig, auch wenn noch nach Jahren gewisse Schmetterlinge im Bauch ihr Unwesen treiben, doch diese Schmetterlinge, die man sich doch stets gerne wünscht, sind und geben eben keine Gewährleistung das es auch so bleibt.

Man wird sich nach einer geraumen Spar Zeit dann über ein schönes beruhigendes Finanzpolster freuen können, wenn man dieses dann auch wirklich zur Altersversorgung nutzt, hat man sich selbst ganz persönlich den größten Gefallen und Nutzen für eine hoffentlich recht lange spätere Rentenzeit getan.

Zudem stellt man dann schnell fest, dass es eigentlich gar nicht so schwer war, wie man sich das erst vorgestellt hat, wenn man sich daran gewöhnt hat das ein minimaler Betrag nicht in den täglichen gewohnten Ausgabenbudget und Ablauf einfließt.

Dieses Polster sollte man aber stets als eine eiserne Reserve für das Alter betrachten und wirklich für viel später aufheben und eben nicht für einen schnellen und drängenden Wunschgedanken aufgeben, auch wenn es noch so verlockend und auch momentan sehr wichtig und drängend erscheint.

Sie werden bestimmt auch einen kurzzeitigen akuten Engpass der immer mal auftreten kann meistern ohne diese eiserne Altersvorsorge Reserve anzugreifen, eine Ausnahme wäre nur, wenn sie eine Wohnung oder Haus erwerben wollen und somit dann ja auch, für viel später eine Vorsorge bestreiten, da ist aber die schriftliche Festlegung der Größe vom Eigentum Anteil, unbesehen des Zugewinnanteil, unbedingt nötig.

Am besten lässt sich das Sparen mit einem Dauerauftrag oder Sparvertrag mit ihrer Bank aber bewusst mit einer langen Kündigungsfrist bewerkstelligen, da sie dadurch den Betrag dann nicht direkt und kurzfristig in die Hände bekommen können.

Ein kleines Gedankenspiel zeigt schon deutlich was es in einer Summe selbst ohne Zinsen ergibt, monatlich zehn Euro, sind im Jahr einhundert und zwanzig, das ist im Moment nicht viel, aber das mal zehn, dreißig oder vierzig Jahre dann schon.

So hoch gerechnet erbringt es, ausnahmsweise auch eine gute Basis bei einer Finanzierung eines Eigentums oder eben der vorab beschriebenen Rentenkonto Aufbesserung.

Wobei beide Investitionen wirklich nur als direkte Altersversorgung gelten müssen und sollten, wobei der geleistete eigene Anteil am Eigentum auch entsprechend, auch später klar erkennbar deklariert sein sollte.

Ab wann man das machen kann, darüber sollten sie sich in der Mitte ihrer Fünfziger Jahre spätestens schlau machen, dann werden ihnen ja auch die sogenannten Hochrechnungen zu gesandt, doch Vorsicht auf diese Summen gibt es ja noch keine Garantien.

Diese Zeit in diesem Altersabschnitt ist besonders wichtig für die eventuellen wichtigen Weichenstellungen, denn auch die Rentenanstalt muss ja auch rechnen, deren Hochrechnung der Verzinsung und der voraussichtlichen weiteren Laufzeit ergeben dann später die Höhe ihrer Rente.

Sie müssen jetzt wirklich nicht erschrecken oder in hektische Aktivität verfallen, wenn sie bisher, bis in der so genannten Mitte ihres Lebens und ihrem Arbeitsleben, sich noch keine ernsthaften tieferen Gedanken über ihr späteres, noch fern liegenden Rentnerdasein gemacht haben.

Doch wenn der Dunstkreis der Sechs vor ihrer Altersangabe in beachtlicher greifbarer Nähe rückt dann ist wirklich kluges schnelles Handeln angesagt. Gut wer dann auf etwas erspartes zurückgreifen kann, mit dem diverse Lücken sich dann schließen lassen.

Denn man übersieht doch viel zu schnell das lange Krankzeiten, Kuraufenthalte oder auch Stellen, sowie Wohnortwechsel sich in Ihrer Berechnung auch negativ niederschlagen können. Diese minimalen Lücken, die man im normalen Leben kaum beachtet hat, können zusammen addiert schon ein kräftiges Loch, also ein Minus bei ihrer späteren Rente ergeben.

Wie sie es dann auch aus ihren ersten Hochrechnungen ersehen können, hier ist dringend dann ein zeitnahes Gespräch mit ihrer Rentenversicherung fällig, wo sie auch nach den Möglichkeiten der Lückenschließung sich aufklären lassen sollten.

Das Rentnerdasein stellen sich die meisten Leute sowieso doch recht geruhsam und sorgenlos vor, doch bis dahin ist hoffentlich noch sehr viel Zeit und im Moment hat man doch ganz andere Sorgen und Prioritäten.

Doch spätestens jetzt sollten sie aber unbedingt diesem Gedanken ernsthaft nachgehen und nicht wieder leichtfertig auf ein Später verschieben. Bedenken sie jetzt ernsthaft, jedes später kann ihre Rente sogar schmälern und ist irgendwann dann auch wirklich zu spät, denn alles im Leben hat eben seine Zeiten, die es gilt zu beachten und einzuhalten.

In einer gewissen sogenannten Daumennorm könnte man auch sagen, in der Zeit wo ich das erste Mal über einen schönen Ruhestand nachdenke und ihn mir schön ausmale, dann ist es allerhöchste Zeit sich auch über die finanzielle Ausstattung dieser Zeit gründlich schlau zu machen und wenn nötig die richtigen machbaren Schritte umgehend einleiten.

Es ist doch fast schon paradox, so denken tatsächlich doch viele Leute, die sich in den fünfziger Jahren befinden, man hat schon fast alles erledigt und das Schwierigste im Leben schon weit hinter sich, zu Allem was noch anstehen mag, hat man doch noch sooo…viel Zeit.

Aber das in die Rente gehen können sie dann aber auch wieder nicht schnell genug, am liebsten würden sie das sofort tun, doch diese vorgezogene Freizeit wäre mit Abstand die wohl teuerste Zeit die man sich nehmen kann.

Denn eins ist gewiss das geliebte „Später,, kommt dann doch viel schneller als sie es sich wünschen, sich über das Rentner werden ernsthafte Gedanken machen, wenn man den Dunstkreis von diesem Lebensabschnitt schon spürbar, die Sechs greifbar nahe ist, lässt sich absolut dann einfach auch als fast zu spät bezeichnen.

Denn wie vorab schon einmal vermerkt wurde, alles im Leben muss irgendwann einmal erlernt werden, es gibt eben nichts was von selbst geschieht und abläuft. Das gilt dann im Besonderen, wenn man der hoffentlich erfreulichen Ruhezeit so langsam unweigerlich immer näherkommt, nur sich diese Zeit schön denken reicht aber eben überhaupt nicht aus.

So sollte man auch konkrete Aufgaben im Alter haben, denn ohne feste Vorstellungen von noch machbaren Aktivitäten im fortgeschrittenen Alter, da kann ein Tag und eine Woche unendlich lang und Öde werden. Alles in einem Menschenleben unterliegt gewissen Normen und Zeitbereichen, sie zu ignorieren wäre der schlechteste Dienst den man sich selbst tun kann und dieses Anderen zu überlassen wäre doch wohl ein recht folgenschwerer Fehler.

Man kann immer wieder Personen erleben die mit dem Tag des Rentenbeginns regelrecht, man kann schon sagen Heimat und Hilflos ohne irgendwelche Strukturen in den Tag hinein leben und mit sich und der nun im Überfluss vorhandenen Zeit überhaupt nichts anfangen können, das kann bis zur handfesten Depression sich ausgewachsenen.

Erschreckend ist auch die Erkenntnis, dass sehr viele Ruheständler aus regelrechtem Freizeitfrust zu Alkoholikern werden. Weil sie mit der plötzlichen ungewohnten freien Zeit einfach nichts anfangen können, selbst die geringsten, sie selbst betreffende Angelegenheiten dann vernachlässigen, oder ihnen einfach alles zu viel ist.

Wohl dem der recht frühzeitig vorgesorgt und geplant hat, denn wenn man dann über ein wenig Gespartes verfügen kann und dieses dann überlegt im Rahmen der gegebenen Möglichkeiten rechtzeitig in seine Rentenfinanzierung einfließen lassen kann. Der wird in jeden Falle Finanziell geruhsamere Rentnerjahre erleben können, als wenn er sich darauf verlässt nach dem Motto, es wird schon werden.

Deshalb ist auch etwas Struktur im Alter, oder besser gesagt gerade dann sehr wichtig, denn auch wenn man nur so in den Tag hineinlebt, dürfte das keine befriedigende Angelegenheit sein, man fragt sich dann doch automatisch wofür habe ich mich denn eigentlich so viele Jahre mühsam abgestrampelt.

Denn es zeigt sich doch immer wieder das ein Mensch eine kleine Beschäftigung und Aufgabenstellung selbst im hohen Alter braucht.

Selbst dann, wenn diese kleinen Tätigkeiten andererseits Einen in seiner vermeintlichen Ruhe stören kann, denn sonst kommt man sich im Alltag doch irgendwie unnütz und überflüssig vor. Wenn ihnen dieses nun doch etwas Widersprüchlich erscheinen mag, dann lassen sie es sich gesagt sein, der normale Mensch ist ebenso veranlagt, je mehr man etwas weit von sich weist umso eher sollte es aber doch erledigt sein.

Genau so könnte man es auch bei der eigenen Rente sehen, man weigert sich eigentlich insgeheim, selbst und dann noch zusätzlich vorher etwas für die später Rente zu leisten, doch der Einzige dem sie schaden sind sie selbst.

Zurückstecken und ansparen, das möchte man so minimal wie eben möglich halten, aber wenn man dann in Rente gehen darf oder gar gehen muss, möchte man dann in jedem Falle doch eine maximale Versorgung haben. Doch ganz von Alleine kommt keine maximale oder ausreichende Altersversorgung zustande.

Die Basis für eine vernünftige Versorgung im Alter muss man schon von jungen Jahren an selbst erbringen, denn die spätere Rente ist eben nur ein Ergebnis von vorher geleisteten Jahre langen monatlichen Einzahlungen.

Sollten im Laufe von einigen Jahren, eben durch nicht vorhersehbare gravierende Ereignisse oder vielleicht auch kleine Nachlässigkeiten sich doch einige Lücken in den Einzahlungen aufzeigen, spätestens dann kann man das in der ersten Rentenauskunft ersehen und nachvollziehen.

Dann gibt es vielleicht doch noch Möglichkeiten einiges von diesen Lücken nachträglich durch Sondereinzahlung zu schließen, dann ist es aber höchste Zeit sich vom Amt die sich noch bietenden Möglichkeiten genau erklären zu lassen.

Bedenken sie, das etwas in die Rente, vielleicht nur ein paar Tausend zusätzlich einbezahlen besser ist, als sich später eventuell von ihrem Bankkonto monatlich ein oder zweihundert Euro selbst zu gönnen um die dann doch etwas magere eigene Rentenkasse in geringen Maße aufzubessern.

Bei einer solchen nur zehnjährigen eigenen Leistung müssten sie ja über einige Tausend Euro auf dem Konto verfügen. Wobei aber der Schwund ihres Kontos schneller offensichtlich werden kann, als es ihnen dann wiederum recht sein kann.

Denn die einmal üppige Sparsumme verringert in ihrem Bestand doch wesentlich schneller als man das sich wünschen kann, auch die Verzinsung verändert sich beachtlich ja ins Negative mit jeder noch so kleinen Entnahme.

Denn ein Bankkonto kann man eben nicht unendlich Stück für Stück schröpfen, denn ein Konto schmilzt bei ständiger Abbuchung erschreckend schnell.

Da ist es dann schon ratsamer eine entsprechende Summe in seine Rentenversicherung frühzeitig zu investieren, denn dieses Konto und die monatliche spätere Rentensumme bleibt ihnen erhalten, so lange sie leben.

Also sollte man sich zum gegebenen Zeitpunkt von den Fachleuten in diesem Amt nach dem erhalten der ersten Übersicht, der sogenannten Rentenmitteilung, einer Rentenhochrechnung über ihre bisherigen eigenen Leistungen, der jeweiligen sozialen Abzüge von ihren Monatsverdiensten in den vergangenen Jahren aufklären lassen.

Denn ihr zuständiges Rentenamt räumt ihnen gelegentlich auch die Möglichkeit ein, offensichtliche und gravierende Lücken durch eine eigene Sonderzahlung von ihnen schließen zu können, diese Möglichkeiten gibt es nicht immer zu jeder Zeit. Doch darum muss man sich unbedingt zur rechten Zeit früh selbst bemühen, von alleine passiert da nun eben mal gar nichts, oder nicht viel und das nachsehen haben sie dann spätestens, wenn die Stunde des in Rente gehen unweigerlich geschlagen hat.

Um noch einmal ganz deutlich zu sagen und zu machen, aus der Rente kann später stets nur so viel herauskommen wie sie im Laufe der Zeit mit ihren Abzügen und vielleicht zusätzliches Eingebrachtes geleistet haben. Man kann immer wieder vor allem von Personen die sich nicht um ihre spätere Zeit viele Gedanken gemacht haben fast unisono hören, ich habe immer gearbeitet und meine Abzüge geleistet, also bekomme ich ja auch meine Rente und die wird ja wohl auch reichen.

Dabei wird aber meist vergessen das eine Rente keine Hundert Prozent Versorgung darstellt, sondern nur knapp die Hälfte der letzten Bezüge sein können, im Schnitt von zehn Jahren.

Doch durch einige Stellenwechsel zwischen durch und vielleicht auch durch familiäre Veränderungen kann im Rentenkonto schon einiges in negative Bewegung geraten sein.

Es liegt nun mal ganz alleine in ihrer eigenen Hand, diese eventuelle schlechte finanzielle Situation im Alter erst gar nicht aufkommen zu lassen, wenn man es genau betrachtet eigentlich mehr als dreißig Jahre Zeit dazu haben oder hatten, um zu vermeiden das es ihnen im Alter wirklich einmal schlecht geht.

Eine fachliche Beratung bei ihrer Rentengesellschaft oder Amt in der Mitte der Fünfziger wäre mit Abstand der erste und beste Schritt dazu. Diese Beratungsstunden sollten sie unbedingt nutzen und natürlich auch mit ihren vorhandenen Unterlagen wahrnehmen.

Denn wenn sich dann noch Lücken und fehlende wichtige Unterlagen sich zeigen haben sie dann noch die Gelegenheit und Chance sich nach Ersatzbelegen zu bemühen. Das Rentenamt kann ja auch nur die ihnen angegebenen und vorliegenden Daten berücksichtigen.

Daher ist es auch ratsam ihren Berufslauf und Lebenslauf bis zu diesem Datum selbst einmal nachzuvollziehen und aufzuschreiben, um sie dann mit den amtlichen Daten und Unterlagen abzugleichen. Vielleicht lässt sich da schon die Eine oder auch andere Lücke entdecken.

Die drei Lebensphasen.

Jeder Mensch sollte sein Leben in die bekannten drei Lebensbereiche teilen um in den vielen Jahren des Lebens auch eine gewisse Grundordnung und somit Übersicht zu haben, besonders ist das erforderlich was wichtige Belege und Unterlagen betrifft.

Bereich Eins beginnt mit der Kindheit, Schule, Studium oder Ausbildung und Familiengründung, in Jahreszahlen ausgedrückt wird es von fast Null bis etwas über die Dreißig Jahre sein.

Bereich Zwei, darin wird die Festigung des persönlichen Status in der Gesellschaft und dem Beruf, die Kinder Erziehung und vielleicht auch die Großanschaffung von Eigentum zu finden sein, hier spricht man gerne von der Mitte des Lebens, ab Beginn der Dreißig bis um die Mitte der Fünfzig.

Bereich Drei ist daran anschließend dann das vielleicht ein ruhigeres Rentenerwartungsalter, wo die Kinder schon etwas länger aus dem Hause sind und man sich schon auf das vermeintliche ruhigere Rentnerleben freuen darf.

Dieser beginnt so um den Anfang Sechzig, hier kommt dann das schon sehnsüchtig erwartete und hoffentlich lange Rentnerleben in greifbare Nähe. In dieser Zeit sollte ein Paar sich spätestens jetzt mit den beiderseitigen Altersfinanzen ernsthaft und eingehend befasst haben. Diese Zeitgrenzen sind in jedem Falle als fließend anzusehen und können sich auch gelegentlich überlappend darstellen.

Jede Zeit hat seine spezielleren Aufgaben, Anforderungen und Momente, aber von Beginn an begleitet Einen stets im Hintergrund die spätere Rente als Versicherung.

Wie man sieht jeder dieser Zeitbereiche hat seine doch spezifischen Grundaufgaben und deren Bewältigung die aber ständig auch eine gewisse finanzielle spezielle Beanspruchung darstellt, die stellenweise bis ans Limit der finanziellen Belastung geht.

Wie schon erwähnt, je früher man aber auch mit ganz kleinen und kleinsten Sparsummen beginnt umso leichter fällt es einem dieses auch dauerhaft beizubehalten, da diese geringen Summen den täglichen Finanzbedarf kaum merklich belasten werden, aber mit der Zeit ein beachtliches Sümmchen sich ansammelt.

Dabei aber nicht unbedingt auf besonders gute Verzinsung schielen, denn das birgt unnötige Risiken, aber trotzdem die Inflationsrate nicht übersehen und stets mit bedenken.

In jungen Jahren schon recht früh, oder aber unmittelbar nach der Ausbildungzeit sollte man mit der stillen Kapitalbildung anfangen, denn in ganz kleinen Summen früh gespart ergibt nach einigen Jahren schon einen doch recht erfreulichen Betrag.

Fast paradox hört sich doch dieser Ratschlag für Geringverdiener, Saisonarbeiter, Gelegenheitstätige und auch Inhaftierte an. Denn alle diese Personen haben ein unterdurchschnittliches Einkommen.

Der Schnitt für den Rentenbeitrag Vollabzug liegt heute gerade bei achthundertfünfzig Euro monatlich und soll im Laufe der Zeit auf dreizehnhundert steigen.

Aber die hat ja gewiss nicht jeder Minijobber und somit manchmal gerade noch das täglich lebensnotwendige Geld, aber darum auch eine extrem niedrige oder auch gar keine Renteneinzahlung, wo soll denn dann eine Rente herkommen? Um es einmal bildlich auszudrücken, wenn man nichts in einen Topf hineingibt, kann man ja auch nichts herausschöpfen.

Wenn man also über längere Zeit unter dem allgemein gültigen Durchschnitt in die Rentenversicherung einzahlt, müsste man rechnerisch fast die gleiche Zeit dann überdurchschnittlich, fast eine doppelte monatliche Summe einzahlen um die Scharte wieder auszumerzen, was aber wohl den wenigsten Personen irgendwann auch möglich sein wird.

Wenn man aber einige Zeit später erst damit, mit der separaten Sparsumme anfängt, dann müsste man monatlich schon ein Mehrfaches zurücklegen, um das gleiche in der noch verbleibenden kürzeren Zeit zu erreichen.

Zudem ist die Verzinsung, auch wenn sie zurzeit nicht gerade berauschend erscheint, sie ist eben auch nicht geschehen.

Denn auch die gelegentlichen Möglichkeiten der Zuzahlung in ihre bestehende Rentenversicherung sind nicht unbegrenzt möglich und müssen auch erfragt werden.

Spätestens aber dann wenn Ihre gelebte Vergangenheit, also ihre schon gelebte Zeit einige Jahre mehr aufweisen kann, als ihre hoffentlich noch lange Zukunft bis zum und im Rentenalter, eben in der Mitte ihres Lebens dann ist es gewiss schon mehr als fünf vor zwölf, denn je länger man wartet umso teurer wird die Zuzahlungen oder umso geringer wird dann ihre Rente einmal aus sehen.

In einem kleinen Zahlenspiel würde das so aussehen sie denken, dass sie die Achtzig Jahre vielleicht erreichen, dann wäre die Mitte ihres Lebens eben vierzig Jahre, aber in Rente gehen sie ja im Schnitt mit fünfundsechzig. Somit wäre die Mitte ihrer Arbeitszeit aber bei rund zweiunddreißig Jahren schon erreicht, also in einem Alter wo die allerwenigsten an ihre spätere Rente und ihren wohlverdienten Ruhestand denken.

Daher der ernstzunehmende Rat schon einige Zeit früher an ihre Altersversorgung zu denken und den vorab erwähnten kleinen Obolus konsequent zurück zu legen und damit dann schon bei Zeiten die Möglichkeit ergreifen um eine eventuelle Lücke zu schließen.

Je früher man diesen Schritt macht umso besser ist es auch, denn die Verzinsung und noch weitere Laufzeit spielt auch bei der Rentenversicherung eine ganz wichtige Rolle, besonders wichtig ist der Gedanke wie auch schon vorab aufgeführt und erwähnt für die treusorgende Hausfrau.

Denn um jetzt, im nahenden Rentenerwartungsalter erst noch nennenswert für ein vernünftiges Alterseinkommen zu sorgen ist es schon fast zu spät und man muss dann auch schon einen erheblich höheren Aufwand betreiben.

Von einer normalen Altersversorgung kann man heute nicht mehr reden und leben, denn es ist auch schon lange keine mehr, eben nur etwa rund die Hälfte ihres jetzigen Einkommens, wenn überhaupt, es ist nur eine spärliche gewiss nicht immer ausreichende Rente, ganz nahe an der sozialen Grundabsicherung, für das Alter.

Wie es das Wort schon deutlich sagt, eine Rente im Bereich einer Grundsicherung, aber stellenweise ist das auch schon eine falsche irritierende Bezeichnung.

Da der Betrag der die Absicherung des Grundbedarfs eines Menschen darstellen und finanzieren soll, diese aber dazu dann aber schon nicht mehr reichen kann. Denn gewisse Grundkosten wie Miete, Strom, Wasser, Versicherungen und dergleichen werden gewiss nicht günstiger, sondern verteuern sich bestimmt schneller als ihre Rente jemals ansteigen kann.

Bei einer Grundsicherung, also einer Sozialhilfe oder Hartz Bezug ist die Grundsicherung gänzlich anders gestaffelt als eine Rente, denn diese Bezieher können ja noch Mietzuschuss und andere Hilfszahlungen hinzubekommen.

Wobei bei einem Rentner nur eine Miethilfe möglich ist, aber dann bewegt man sich wirklich schon in dem Bereich einer Sozialhilfe.

Dieser frühere eigentliche Gedanke einer staatlichen Versorgung im Alter war vor vielen Jahren vielleicht auch schon noch richtig, oder besser gesagt nicht unbedingt ganz falsch.

In den zurückliegenden Zeiten, in den Neunzehnhundert Sechziger und Siebziger Jahren war es daher auch meist die Hauptsache und eigentlich auch eine Zeit lang fast ausreichend das man stets ununterbrochen Rentenversichert Tätig war.

Und das war es dann früher aber auch schon, in den zurück liegenden Zeiten und Jahren war zudem der Prozentsatz höher in der Altersversorgung, weil auch die Prozentuale Berechnung eben noch wesentlich üppiger waren.

Eben auch als Freiberufler oder als Selbstständiger ist und war es enorm wichtig, selbst auch in etwas schwierigeren Zeiten niemals zu vergessen den kleinen eisernen Sparbetrag Pfändungssicher für das Später zurück zu legen.

Auch bei kleineren selbstständigen Nebentätigkeiten, sollte man den Seitenblick auf die spätere Rente nie vergessen, denn schnell verdientes Geld ist auch besonders schnell, vielleicht auch mit etwas Unverstand ausgegeben und das Später, was eigentlich wesentlich wichtiger gewesen wäre bleibt dann doch meist auf der Strecke.

Aber dieses Selbstverständnis für eine ausreichende spätere Altersversorgung trifft man in diesen Kreisen heute leider wiederum auch nicht mehr so oft an, man hört es immer wieder das kann ich mir zurzeit nicht erlauben.

Aber nirgend wo wird das versäumen und verschieben auf das ach so beliebte Später so hart bestraft wie in der gesetzlichen Rentenversicherung, hier ist der Spruch „wer zu spät kommt, den bestraft das Leben„ dann schon ein echter Volltreffer.

Eine zusätzliche Altersvorsorge besonders der zu leistende Selbstanteil in Form einer separaten Versicherung, wird stets von der Regierung proklamiert und grundsätzlich wie selbstverständlich erwartet.

Doch das würde ja auch eine bessere momentane Finanzlage voraussetzen, über die aber eben nicht alle verfügen, besonders Personen die im so genannten Billiglohn Bereich sich befinden und dann auch noch Freiberuflich, da kommt fast gar keine Einzahlung in die Rentenkasse vor.

Lassen sie sich unbedingt vorzeitig von der zuständigen Rentenanstalt beraten und ihre späteren Bezüge aufzeigen, damit sie dann auch noch die Gelegenheit und Zeit haben im nötigen Falle etwas an der späteren zu erwartenden Summe ändern zu können.

Auch wenn es im Moment unbequem und als müßig erscheint, ist es immer noch besser als ein paar Jahre später mit fast leeren Händen dazustehen.

Aber der Einstieg in die selbst geleistete Alters Vorsorge wird in der Allgemeinheit auch von den meisten Personen noch weit von sich gewiesen, das kann man auch später noch machen, doch später kann auch zu spät sein.

Da macht man sich dann vielleicht erst Gedanken darüber, wenn es einem als nötig erscheint. Dann aber ist es vielleicht auch schon etwas zu spät, denn die monatlichen Prämien für entsprechende Versicherungen steigen auch mit dem Fortschreiten des Alters doch beachtlich an.

Es herrscht im Allgemeinen doch schon eine sehr große unverständliche Gleichgültigkeit und zum Teil auch erschreckende Unwissenheit zu diesem Thema, man redet sich stets ein, wenn man später ein wenig sparsam ist kommt man mit der Rente schon über die Runden, doch das ist rechnerisch dann wirklich schon fatal.

In der Zwischenzeit hat man bisher ja auch schon recht viele diverse Problemmomente gemeistert zum Beispiel die Berufsausbildung, eine frühe Familiengründung, Möbel und Wohnungsanschaffung und nicht zuletzt auch noch den Kindern den Start ins Leben ermöglicht, man hat sich eigentlich nie ausgeruht.

Alles sehr rühmliche und beachtliche Leistungen denn in alles musste mal mehr mal weniger Energie und auch Geld investiert werden und das muss jetzt erst einmal reichen denn man will sich ja auch mal was gönnen, Verpflichtungen hat man jetzt mal eine Zeit lang genug erfüllt, jetzt ist man sich doch auch mal selbst der Nächste. Wer würde solchen eventuellen Gedankengängen schon wiedersprechen.

Sich nun aber auf den vermeintlichen Lorbeeren ausruhen wäre ein schwerer Fehler, denn eigentlich sollte jetzt unbedingt mit aller Energie an die spätere wichtige Versorgung gedacht und gearbeitet werden.

Besser wäre es gewesen, wenn man, jeder für sich schon eine ganze Weile vorher an das eigene finanzielle Altersprogramm gedacht und auch gehandelt hätte, denn mit jedem Jahr das sie älter werden wird die Prämiensumme für eine Versicherung zur Altersvorsorge erheblich teurer.

Denn im Gegensatz zur Familien Krankenversicherung gibt es leider keine spezielle Familien Rentenversicherung und Versorgung.

Da zählt und zahlt jeder für sich ein und nur diese geleisteten Renten und Versicherungszeit erbringt eine separate persönliche Aufrechnung und Bewertung.

Genau nach dieser Devise hat vor vielen Jahren auch Bismarck gedacht als er die allgemeine Rentenversicherung auf den Weg gebracht hat, denn damals waren mehr Menschen dem verhungern wesentlich näher als einem geruhsamen Lebensabend.

Nochmals ermahnt werden sollte hier an den Grundgedanken, der auch bei Bismarck zu Grunde lag, ständig eisern kleine Beträge zurückgelegt, erleichtert ihnen in späterer Zeit das Leben ungemein.

Diese über lange Zeit in kleinen Summen angesparten Beträge, frühzeitig als freiwilliger Zahler in die Rentenkasse einbezahlt, erbringt eine wichtige Lückenschließung oder zumindest eine doch sichtbare Verbesserung ihrer späteren Rente, hier ist eine gründliche Beratung und nüchterne Berechnung bei Ihrer Rentenanstalt dringend angeraten.

Denn mittlerweile werden sie wohl bemerkt haben, die Zeiten haben sich beachtlich gewandelt. Dann doch, wenn man es mit den alten überlieferten und gewohnten Begriffen betrachtet, auch nicht gerade unwesentlich auch schon wieder verschlechtert hat.

Denn bei genauerem Hinsehen sieht das doch gänzlich anders aus als früher, nicht nur dass man heute ein wesentlich höheres Alter im Schnitt erreicht und alles recht schnell teurer wird, auch die normalen Ausbildungszeiten haben sich mittlerweile gewaltig verändert.

Zudem sind auch die mittlerweile schon fast zwingenden persönlichen Bedürfnisse doch merklich und beachtlich gestiegen, der alltägliche Standard ist schon beachtlich höher geworden als früher und die Kosten dafür auch.

Vor vielen Jahren sah das Lebensschema doch noch so aus, mit sechs Jahren wurde man eingeschult, mit Vierzehn schloss man die Volkschule ab und machte vielleicht noch in den folgenden drei Jahren sein Abitur ging dann für drei Jahre in die Lehre. Ab da war man automatisch Rentenversichert, mit Achtzehn war man dann doch schon Geselle oder auch normaler Arbeitnehmer und eben dann auch Rentenwirksam voll versichert.

Doch wie sieht das heute aus, wenn man erst mit achtzehn, oder sogar noch sehr viel später die Schule mit dem Abitur beendet, ist man nach einer Lehre mit rund einundzwanzig oder auch weit darüber, heute schon nicht mehr so früh ein normaler Arbeitnehmer. Denn die normale Arbeitnehmerzeit beginnt heute bei sehr vielen doch wirklich wesentlich später als noch vor einer Generation war.

Auf diese Berufsanfängerzeit werden dann mindestens noch rund Fünfundvierzig Jahre der aktiven Arbeit und Versicherungszeit aufgerechnet dann hätte man rechnerisch erst das normale Rentenalter erreicht.

Was dann aber schon einiges später sein kann, aber eben anders als dass man sich das in der Jugend gedacht hat. Doch das ist eigentlich heute auch schon keine normale Norm mehr, es gibt sogar Personen die mit fast dreißig Jahren, oder sogar noch ein paar Jahre darüber erst in das normale Arbeitnehmerfeld sich einreihen und dann erst voll Rentenversichert sind.

Wenn man auf dieses Alter die vorgegebene Versicherung Pflichtzeit rechnet, also rund 45 Jahre dann müsste man trotz angerechneter Ausbildungszeit doch noch eine lange Zeit länger arbeiten als andere Versicherte, rechnerisch würde das dann bis über das siebzigste Lebensjahr hinaus reichen, was sich wohl keiner vorstellen will und kann.

Das hat aber auch zur Folge das unter Umständen bei seinen Kindern bis rund zum achtundzwanzigsten Jahr, für seine Nachkommen die noch nicht mit einer Ausbildung abgeschlossen haben Unterhalt gezahlt werden muss.

Die eigenen Schulzeiten sowie Ausbildungszeiten und andere diverse Anrechnungszeiten wie Schwanger oder Elternzeit werden im Allgemeinen später eben auch nur pauschal und mit einem verminderten Rechenfaktor berechnet.

Wenn man bedenkt wie viel Geld da nicht in das gesamte und eigene soziale Gefüge für später einfließt, braucht man sich nicht mehr wundern, dass das Geld später nicht nur bei einem selbst sondern auch bei der Versicherung immer knapper und irgendwie auch in der allgemeinen sozialen Versorgung wird.

In einem kleinen Zahlenspiegel zeigt sich die ganze Brisanz, wenn man die geforderten vorgegebenen Fünfundvierzig Jahre verpflichtende Renteneinzahlung also Rentenversicherungspflichtig dann gearbeitet hat. Als Mindestmaß auf eine Verrentung mit 65 würde aber doch dann eine durchgängige Beschäftigung ab dem Zwanzigsten Lebensjahr bedeuten.

Aber für die begrenzten Ausbildungszeiten und Kinder Betreuungszeiten und dergleichen mehr, werden aber auch nur verringerte Pauschalbeträge berechnet, daher wird im Eigentlichen nur vermieden, dass eine Unterbrechung ihrer Rentenversicherung eintritt.

Somit würde sich rechnerisch auf dem Papier ihre gesamte Versicherungspflichtige Beschäftigungszeit doch sonst erheblich noch verlängern, oder aber ihre späteren Rentenansprüche würden sich nicht gerade unwesentlich schmälern.

Aber dieses schon sehr alte Schema für Arbeitnehmer stimmt mit der heutigen Lebensform und Planung wie man hier eindeutig sieht nicht mehr und wird durch diverse wohlklingende Programme zwar kaschiert, doch die grundsätzliche vorgegebene Berechnung ändert sich dadurch auch nicht.

Aus dieser Zwickmühle scheren eigentlich nur die verbeamteten Personen aus, bei diesen Ruheständlern liegen schon etwas andere Prioritäten zu Grunde, denn der Beamte beginnt überwiegend mit geringem Gehalt und dient sich im Laufe der Zeit in immer höher dotierte Bereiche.

Doch auch hier gibt es bedenkenswerte anders gelagerte zeitliche Anstellungspraktiken, wie die Teil Verbeamtung oder Zeit Anstellung im Lehrer und auch anderen Berufsparten.

Die heutigen Selbstverständlichkeiten wie Fernsehen, Telefon, selbst nur als Notruf gedacht, Tageszeitung zur allgemeinen Information, Vereinsbeiträge zur sozialen Bindung, Fahrt und Autokosten und dergleichen mehr schlagen zusammen gezählt sich beachtlich dann im monatlichen Budget nieder und sind für manchen Rentner einfach nicht mehr bezahlbar.

Ohne irgendeinen luxuriösen Hintergrund in Betracht zu ziehen, verschiebt sich der Alltag und normale Lebensstandard heute immer mehr und wird zunehmend auch immer teurer und das nicht unbedingt selbst gewollt, sondern zwangsläufig auch immer aufwendiger.

Man ist, wenn man es so will ein ganzes Leben lang für seinen späteren hoffentlich wirklich geruhsamen dritten Lebensabschnitt stets selbst verantwortlich, es bleibt bei dem uralten Spruch:

„wie man sich Bettet so liegt man auch„

Denn von alleine wird sich ganz gewiss keine Besserung einstellen, man muss einfach auch Mal über seinen eigenen Schatten springen können, auch wenn man in den frühen Jahren noch nicht unbedingt über den nötigen Weitblick verfügt.

Was sich dann auch nicht unbedingt gemütlich darstellt, aber wenn man nur gemütlich leben will, dann muss man sich auch nicht wundern, wenn es später dann finanziell doch recht ungemütlich werden kann.

Denn man weiß doch schon von Kindesbeinen an, dass sich ohne eigenes Bemühen keinerlei Bewegung der Dinge und der Angelegenheiten zu erwarten ist.

Man kann ja von alten überlieferten Sprüchen halten was man selber will, aber wenn man bedenkt das diese auch aus Erfahrungen und Erkenntnissen einmal entstanden sind, kann man ihnen auch nicht einen gewissen Wahrheitsgehalt absprechen.

Wiederum sollte man das Alter auch nicht zu negativ betrachten, doch in der heutigen schnelllebigen Welt ist es fast schon eine gefühlte Bestrafung in Rente gehen zu müssen.

Wenn dann noch etwas Kränklichkeit hinzukommt wird es schon wesentlich schwieriger, sollte dann altersbedingt ein Umzug aus einer vielleicht zu großen oder nicht altersgerechten Wohnung anstehen, werden sie Probleme kennenlernen die sie nie für möglich gehalten haben.

Das Geringste dürfte dann noch die Frage sein, in dem Alter wollen sie noch in eine neue Wohnung ziehen.

Wenn ein neuer Vermieter überhaupt noch gewillt ist einen Senior in seine Wohnung ziehen zu lassen.

Hat Rentner sein noch Zukunft?

Denn es besteht unisono wohl eine allgemeine gebräuchliche Meinung ein alter Mensch gehört in ein Altersheim, und ein nicht ganz gesunder Senior in ein Pflegeheim, dafür sind diese doch da.

Doch diese finanzielle Belastung ist Heutzutage mit einer normalen Rente in keiner Weise mehr praktikabel, seitdem man auf dem freien Markt diese Institutionen als ein prima geeignetes Investitionsgeschäft entdeckt hat, ist ein Hotelaufenthalt in einem gutgeführten Hotel noch wesentlich günstiger zu bekommen.

An dieser Stelle könnte man doch tatsächlich richtig Angst vor dem Altwerden bekommen. Darum sollte alleine in diesem Punkt wirklich alles Erforderliche schon vorzeitig erledigt sein, das würde also auch bedeuten, dass der persönliche kritische Blick auf seine Wohnung und der Möblierung möglichst schon vor der Rentenzeit geschehen ist, auch hier kann man wieder nur feststellen, später ist eben doch zu spät.

Wie man hier eindeutig sehen kann, heute Rentner sein oder werden ist genau genommen unter normalen Umständen kein besonders erstrebenswerter Status mehr. Wenn es ein Lehrberuf wäre würde ihn, wenn man es heute genau betrachtet freiwillig wohl kaum jemand heute freiwillig lernen wollen. Aber genau das sollte man, besser gesagt alles ernsthaft bedenken was damit zu tun hat und nicht auf Später vor sich herschieben.

Denn nirgendwo anders werden sie es so schmerzlich und deutlich bemerken, dass das später schneller da ist als sie sich dieses letztendlich einmal vorgestellt, aber über lange Zeit insgeheim stets gewünscht haben. Denn dieser von sehr vielen sehnlichst erwartete Lebensabschnitt kommt unweigerlich mit jedem Jahr das man älter wird auf einen zu, aber in diesen Zeitabschnitt sollte man wirklich nicht unvorbereitet hinein gehen.

Die Zeit lässt sich nun mal eben nicht zurückdrehen, jeder der immer alles auf später verschoben hat, ist nun endgültig zu spät dran, auch wenn man sich oft einiges an Mehr hier und da geleistet hat, hat man zwar tolle Erinnerungen, aber davon wird man später gewiss nicht satt und ein Dach über dem Kopf hat man damit auch nicht.

So mancher sagt sich während seiner Erwerbszeit dann, wenn ich in Rente gehe, dann kann ich endlich mein nicht nur zeitintensives Hobby pflegen oder die schon so lange geplanten Reisen unternehmen, denn dann habe ich endlich die mir jetzt fehlende Zeit dazu.

Doch in Wirklichkeit zerschlagen sich dann ganz schnell diese so lange gehegten Vorhaben und Pläne mangels der finanziellen Möglichkeiten und das merkt man dann doch sehr schmerzlich.

Wenn man dann endlich das ach so schön gedachte und erhoffte Alter endlich erreicht hat, dann merkt man ganz schnell, jetzt hätte man endlich die Zeit, doch selbst wenn die Gesundheit noch stabil ist, meist reicht das Geld dann nicht mehr für solche lang gehegten aber meist auch kostspieligen Pläne.

Aber alle vielleicht über Jahre gehegten zeitintensiven Vorhaben die man sich schon so lange immer wieder vorgenommen hat, aber auf die späteren Zeiten, wenn man eben mehr Zeit hat, verschoben hat, sollten für sie dann in jedem Falle aber auch zum größten Teil auch machbar und finanzierbar sein.

Über einen wichtigen Fakt muss man sich dabei doch unbedingt klar sein, die Zeiten wo man im Alter sorgenfrei mit der Rente sein gewohntes bisheriges Leben fortsetzen konnte, oder sogar vielleicht noch ein besseres Leben führen konnte, muss man mit der heutigen allgemeinen Konstellation heute im Allgemeinen einfach vergessen.

Mit maximal knapp fünfzig Prozent ihres jetzigen Einkommens wollen sie aber hundert Prozent ihres schon seit langem gehegtem Vorhaben und ihr Leben bewerkstelligen, allein schon bei diesem Gedanken und Zahlenvergleich wird einem sehr schmerzlich Bewusst das kann einfach nicht gelingen. Diese so genannten goldenen und ruhigen sorgenfreien Rentnerzeiten sind schon lange vorbei, zudem spielt ja auch der Gesundheitsgrad eine nicht ganz unwichtige Rolle.

Nur wer wie schon vorab erklärt, richtig lange Zeit an das Alter gedacht und vorgesorgt hat, kann die Alterszeit also seine Altersruhezeit auch in Ruhe auch etwas gelassener angehen und seinen dritten Lebensabschnitt befriedigend erleben und genießen. Man kann einfach nur konstatieren, nichts im Leben geht von alleine und von selbst über die Lebensbühne, alles muss oder sollte unbedingt bedacht und auch geplant sein, auch wenn manche Planungsich in Luft auflösen können.

Viele der besagten Altersgenossen haben es eben im Laufe der Jahre auch richtig gemacht und können ihren geruhsamen Lebensabschnitt in vollen Zügen dann auch genießen, da sollte man aber nicht unbedingt neidisch darauf sein, denn sie hatten ja selbst eigentlich auch die Gelegenheit frühgenug vorzusorgen, aber eben nicht daran gedacht, oder auch nicht gemacht.

Noch schöner wird das Alter, wenn man die seit langer Zeit gehegten Wünsche auch umsetzen kann, doch über eins muss man sich dabei auch klar sein, im Alter werden kaum noch Berge versetzt, weil ja der Drang nach Besonderem meist schon etwas abgeschwächt ist.

Also bleibt zum größten Teil da ja auch schon von selbst die Kirche im Dorf.

Wie sie ersehen können, liegen zwischen Wunsch und Wirklichkeit doch schon gewaltige Bereiche, die es gilt beachtet zu werden.

Sind sie gewappnet für ihre Rentnerzeit?

So mancher Rentenanwärter geht mit ganz tollen Vorstellungen, fast mit Rosaroter Brille in seinen dritten Lebensabschnitt und kann den Eintritt kaum noch erwarten, am liebsten würde er sofort vorzeitig Rentner werden, doch das würde man dann sehr teuer durch beachtliche Abzüge erkaufen.

Diese hier nachfolgend aufgezeigten Dinge und Zahlen sollen keine Stimmung und Angstmache sein, sondern ihnen frühzeitig in einer gewissen Klarheit die Fakten der kommenden Rentenzeit mit all seinen finanziellen Vor und Nachteilen und gefährlichen Fallstricken darlegen.

Denn wenn auch alles in ihrem bisherigen Leben harmonisch und glatt verläuft und verlaufen ist, so werden sie niemals mehr, sondern gerade mal knapp die Hälfte ihres bisherigen Verdienstes im Durchschnitt an Rente bekommen und davon müssen dann auch noch anteilig Krankenkasse, Pflegeversicherung und etwaige Steuern bezahlt werden.

Wenn man nicht entsprechend früh genug voraus gedacht hat, dann muss man jetzt mit eben kaum der Hälfte des bisherigen Einkommens, seinen gewohnten Lebensstil betreiben, das wird jeder als utopisch und nicht machbar ansehen, aber es ist unumstößlich die nackte Tatsache.

Ausnahmen stellen zum Teil eigentlich nur die Beamten und auch für die Bezieher, die langjährig mit einer entsprechenden der recht verschiedenen Betriebsrenten ausgestattet sind, dar.

Denn hier liegt der gesamte Alters Versorgungsbezug im Schnitt noch bei Prozenten der früheren Bezüge von denen ein normaler Rentner eigentlich nur noch träumen kann.

Davon kann ein Ottonormal Verdiener mit seinen gerade mal achtundvierzig Prozent eben nur träumen, denn diese gehobene Größenordnung erreicht man auch mit einer zusätzlichen normalen Altersvorsorge kaum.

Doch auch hier ist erhöhte Vorsicht geboten denn ab einer gewissen Höhe werden nicht nur Steuern sondern auch andere Abgaben fällig, als Beamter sind und waren sie Privatpatient mit allen Vor aber auch Nachteilen, wie zum Beispiel gewisser Vorfinanzierungen im Gesundheitswesen und der gleichen Leistungen mehr.

Was ist zu tun, um nicht in diese prekäre Situation zu kommen, man muss sich einfach vorzeitig und gründlich mal Gedanken machen, wie viel verdiene ich heute und wie viel möchte ich realistisch gesehen haben oder wie viel benötige ich im Ruhestand um einiger Maßen sorglos zu Leben.

Dabei ist aber unbedingt zu beachten, dass das Leben nicht kostengünstiger mit der Zeit wird, sondern sich kontinuierlich ständig verteuert. Zudem sollten idealer Weise die Finanzierungen von Haus oder Wohnung, auch etwaige Sanierungen abgeschlossen sein.

Denn als Rentner noch einen größeren Kredit zu erhalten wird fast unmöglich, und wenn, die Tilgung ist dann meist auch schon eine ungeheure, fast unmögliche Belastung.

Sie werden nun gewiss sagen, ich bin doch kein Hellseher das kann doch keiner vorher wissen, vielleicht aber doch, wenigstens in Etwa, mit etwas Überlegung und nüchterner Betrachtung ihrer bisherigen Lebensweise lässt sich da schon in Etwa vieles beantworten.

Eine zu gegeben wohl nicht ganz einfache Frage die Einem, in den Dreißiger oder Vierziger Lebensjahren dann doch schon als etwas abwegig und voreilig erscheinen mag und daher gerne und bereitwillig auch gerne auf wesentlich spätere Zeiten verschoben wird. Denn man weiß zudem eben ja noch nicht was in den, noch vor Einem liegenden weiteren Jahren sich auch noch alles ändern könnte.

Doch deshalb erst mal das ganze Thema, Altersversorgung auf später zu verschieben wäre doch wohl etwas unklug, um nicht zu sagen äußerst falsch und fatal. Denn die Zeit ist da doch viel schneller, als man es im Moment empfindet.

Heute sollten eigentlich ja noch die aktuellen Wünsche und Problemlösungen im Vordergrund stehen, doch das später sollte man dabei nicht ganz verdrängen denn die Rentenzeit kommt gewiss. Bei manchem sogar schneller als ihm lieb ist, zum Beispiel mit einer Frühverrentung und dann sollte man aber auch noch einigermaßen sorgenfrei, so weit wie das eben möglich ist, leben können.

Diese Zukunftsfrage und der spätere Bedarf sind, natürlich eben auch nur in etwa schätzbar man muss in jedem Falle den goldenen Mittelweg zwischen dem eigenen Wunschdenken und der realistischen Erwartung finden und als Ziel definieren.

Jedem ist ja wohl bekannt das alles sich kontinuierlich verteuert und es kann nicht verkehrt sein sich über die Distanz zwischen dem Einkommen und dem jeweiligen persönlichen Bedarf ernsthafte Gedanken gemacht zu haben. Um sich nicht von Monat zu Monat von nicht beachteten Aufwendungen sich überraschen zu lassen ob es nun passt oder auch nicht. Wohl dem, der sich darüber rechtzeitig mal mehr oder weniger weit reichende Gedanken gemacht und gehandelt hat.

Wer hat zudem noch nicht in der Zwischenzeit feststellen können, dass die Lohnerhöhungen stets dem eigentlichen Bedarf und den Preiserhöhungen hinterherhinken und dieser Eindruck wird sich als Rentner ganz gewiss noch um einiges verstärken.

Sehr hilfreich ist hierbei auch ein Geld und Zeitvergleich besonders bei eventuellen Finanzierungen, den man eigentlich auch schon bei der Familiengründung einmal durchgerechnet haben sollte. Einen klaren Überblick zu behalten ist eigentlich das oberste Gebot, will man nicht ständig von einer finanziellen Katastrophe in die nächste stolpern.

Denn wichtige unerwartete Ausgaben können ganz schnell das vielleicht nur oberflächlich erstellte Finanzgebilde einer Familie auf lange Zeit in bedrohliche Schräglage bringen. Besonders zwingend wird das dann, wenn man mit stark schwankenden Einkommen oder nicht mit ausreichenden Geldmitteln überhaupt gesegnet ist.

Man muss es wirklich ganz hart sagen wer bei wenig Geld nicht übersichtlich denkt und handelt ist fast schon selbst schuld an einer nie enden wollenden Finanzmisere. Erstaunlich ist es, wenn man hier und da Personen sieht die wirklich mit ganz geringem Einkommen trotzdem vernünftig und fast gelassen ihren Alltag bewältigen.

Logischer Weise haben diese Leute auch viele Probleme und offene Wünsche, doch sie hängen nicht ihr Seelenheil daran und das lässt sie viel gelassener erscheinen.

In jungen Jahren will man eigentlich erst mal leben und über das Später kann man sich ja auch später noch Gedanken machen. Doch diesen Gedanken aus reiner Bequemlichkeit oder als Ausrede sollte man nicht zur Gewohnheit werden lassen und zu lange als eine auch später noch zu tätigende Angelegenheit ansehen, denn später ist eigentlich schon beim daran Denken schon zu spät.

Denn man ist genau genommen schneller Alt, als das man sich dessen richtig bewusstwird, die meisten machen sich aber erst Gedanken drüber, wenn schon mehr Jahre hinter, als vor einem sich finden.

Denn sie werden irgendwann mal feststellen, dass wenn sie sich ernsthafte Gedanken über ihre hoffentlich dann doch noch fern liegende Rentenzeit machen, aber dann trotzdem schon viel zu spät ist darüber ernsthaft nachzudenken und zu handeln um die verlorene Chance und Zeit wieder gut zu machen.

Doch dann hätte man sich schon längst darüber im Klaren sein sollen das auch die eigene Zeit vergänglich ist und dass man dann auf viele verpasste Momente und auch zwingende unerledigte Aufgaben zurückschauen kann. Denn das bedeutet mit jedem einzelnen Jahr, dass man zu gewartet hat der Betrag höher wird mit dem man fehlende oder auch zu geringe Renteneinzahlung wieder ausgleichen möchte.

Das Heute auf Morgen verschoben ist in jeder Zeit sehr beliebt, aber nicht gut, denn dann ist heute auch schon Gestern und dann also in jedem Fall auch schon wieder zu spät, wie man sieht verlorene Zeit kann man einfach nicht mehr aufholen.

Sie sollten in jedem Fall bedenken das sie im Gesamten, auch heute immer noch in ihrem Leben, Fünfundvierzig Versicherungsjahre mit dem heutigen Stand und allen Anrechnungszeiten und Ausgleichszeit zusammen zu einer Vollrente benötigen.

Der Begriff Vollrente trügt aber auch, denn es sind nicht einmal fünfzig Prozent von ihrem Durchschnittverdienstes der letzten zehn Jahre. Das würde in der Grundformel eigentlich auch bedeuten, dass ihre Berufsausbildung bis zu ihrem fünfundzwanzigsten Lebensjahr nur in den vorgegebenen pauschalen Prozenten berechnet wird.

Und ihre weitere Berufstätigkeit dann die restlichen Jahre nach ihrer Verdiensthöhe als aus und nachgewiesene sozial versicherte Zeit angesehen, dann so auch bewertet und berechnet wird.

Und sie daher nur rechnerisch gesehen, eigentlich spätestens mit ihrem zwanzigsten Lebensjahr hätten mit dem Versicherungspflichtigen Arbeiten beginnen müssen um mit 65 Jahren plus Ausgleichszeit in die normale 48 % Vollrente gehen zu können.

Wobei aber eine längere Ausbildung und auch Arbeitslosenzeit nur mit einem verminderten vorgegebenem Berechnungswert zählt, wobei aber nicht unbegrenzt die diversen absolvierten Schul- und Studienjahre voll mitgerechnet werden. Auch hier gibt es jeweils dann unterschiedliche und andere Bewertungsgrundlagen. Wie sie sehen können, hier dann schon die einzelnen Kriterien richtig einzusetzen und zu bewerten doch recht schwierig wird.

Der Begriff der Vollrente irritiert auch ein wenig, denn damit ist nicht eine rundum sorglose Altersversorgung, sondern der jeweils zurzeit gültige höchstmögliche Berechnungsradius gemeint.

Also auch nur in einer ganz bestimmten prozentualen Bewertung, gerechnet wird im Grunde in monatlichen Schritten und hat immer die Verwaltungsübliche Bezeichnung die einer wie immer auch gearteten Altersgrundsicherung.

Das heißt auch heute noch mindestens 45 Jahre gleich 540 Monate eigentliche geleistete Pflichtversicherung sprich Berechnungszeit die erfüllt sein sollte. Jeder fehlende Monat der nicht irgendwie nachgewiesen werden kann, bedeutet eine Verminderung ihrer Rente, also immer stets daran denken, die Rente ist kein Selbstläufer.

Dies wird sich ganz langsam mit der Zeit mit einer jeweiligen Ausgleichsberechnung dahin gehend ändern, da das endgültige Renteneintrittsalter sich kontinuierlich irgendwann bis auf siebzig Jahre, vielleicht sogar irgendwann noch weiter erhöhen wird.

Denken sie nicht, dass das wohl nie sein wird, dann gebe ich zu bedenken das durch die jetzt schon gültige Ausgleichsberechnung ja schon die Siebenundsechzig Stückweise anvisiert wird. Wenn in wenigen Jahren diese Zahl erreicht ist, wird sich sehr bald herausstellen wie das nächste Ziel dann heißen wird und die Endjahreszahl dann heißt.

Jede Versicherungsfreie Zeit, also nicht Sozialversicherte Zeit in ihrer Rentenversicherung bedeutet rechnerisch eigentlich genau genommen eine Verlängerung ihrer Lebensarbeitszeit, was aber kaum machbar oder nur sehr selten möglich ist.

Das würde sinngemäß ja bedeuten, dass sie ihre fehlende soziale Versicherungszeit noch nach dem eigentlichen erreichten Renteneintrittsalter plus Ausgleichszeit dann noch diese Zeit nachholen würden.

Oder aber Versicherungstechnisch anders herum gesagt eine rechnerische Verkürzung ihrer anrechenbaren Versicherungszeit, also dann monatlich weniger Geld verkraften müssen. Somit sinkt damit auch ihr nominaler Versicherungswert, einer der maßgeblichen Rechenwerte einer Altersrente, also auch der Betrag ihrer späteren Rente.

Es ist daher in jedem Falle wichtig sich schon sehr früh Gedanken darüberzumachen, wie ich mein späteres Leben dann haben möchte. Leider kann man genau betrachtet diesen Gedankengang gar nicht früh genug anstellen.

Die zuständigen Renten Versicherungen räumen immer wieder auch unregelmäßig, wie schon erwähnt, mal eine Möglichkeit ein, kleine Versicherungslücken durch einmalige direkte Einzahlungen zu schließen. Doch auch hier sollte man genau nachrechnen, besonders wenn man damit erst recht spät sein Rentenkonto aufbessern möchte.

Denn je nach Konstellation ihrer späteren zu erwartenden Rente ist der zu zahlende Betrag wesentlich höher als sich das in der Rentenendsumme später dann auch darstellt, denn die zinsenbringende Zeit stellt sich einfach als zu kurz heraus. Sie bemerken dann auch hier, der aktuelle Geldwert wird sich stets verringern.

Im Schnellverfahren könnte man dann ja auch den ausgewiesenen jährlichen Inflationsfaktor von circa drei Prozent als Rechengrundlage zur Überschlagsrechnung heranziehen.

Sie würden wahrscheinlich sehr erschrocken sein wenn man das in einer kleinen Demo Zahl sieht, denn die Durchschnittlichen rund 3% der jährlichen Inflationsrate würde dann über den Daumen eine Erhöhung der so genannte Inflationsrate in dreißig Jahren also satte runde neunzig Prozent ergeben, knapp eine Verdoppelung eines imaginären Betrages in nur dreißig Jahren.

Überlegen sie doch einmal was zum Beispiel ein Bier vor dieser Zeit gekostet hat und was sie damals verdient haben, wieviel Bierchen sie für eine Stunde Arbeit bekommen haben und das dann auf Heute gesehen, das Ergebnis spricht dann schon seine eigene Sprache.

Es würde bei einer fünfzehn jährigen Zeitspanne von rund 45% Prozent bedeuten, nehmen wir mal die 40% als Rechenwert im Mittelwert an, ein auf aktuelle Beträge gerichteter Aspekt, ergibt auf den ersten Blick eine doch erschreckende Summe des Anstiegs.

Wenn sie jetzt sagen das wird doch niemals so sein, dann kann ich nur sagen, schauen sie sich einfach einmal die letzten Zehn Jahre an, dann stellen sie fest das in noch größerem Zeitbereich dann schon recht kräftige und beachtenswerte Erhöhungen da festzustellen sind.

Also wenn etwas, irgendeine Sache die vor 15 Jahren Eintausend Euro gekostet hatte, sie würde heute als Mittelwert gesehen dann mehr als 1400 € kosten. Wenn man nun den gleichen Wert für die gleiche Zeitspanne nochmals darauf rechnet, also auf insgesamt 30 Jahre, wären dann schon wesentlich mehr als 1800 €, oder fast 2000,- € fällig, für die gleiche Sache oder auch den gleichen Aufwand.

Diese grobe Überschlagsberechnung bezieht sich in einem 15 Jahressprung, somit dann auf ihren Altersrechenbereich vom Berufseinstieg mit 20 Jahren, 35. zum 50. und dann zum 65. Lebensjahr ihrem eigentlichen Renteneintrittsalter und dann noch mal auf die 80 in solch groben Zügen lässt die Vergangenheit und Zukunft aufteilen.

Wenn sie einmal so die Jahre aufrechnen dann haben sie die eventuellen Kosten und Belastungen die sie mit ihrem achtzigsten Lebensjahr dann in etwa erwarten können, so sollte man überlegen, auch wenn man selbst daran zweifelt dieses Alter zu erreichen, aber lieber etwas weiter Voraus als zu kurz gedacht.

Oder sie können diese Berechnung auch von ihrem späterem Renteneintrittsalter oder Wunschalter ausgehend rückwärts, also entgegen gesetzt in der vorher angegebenen Jahres Abstandsberechnung erstellen, was im Grunde dann doch auf das gleiche Endergebnis hinausläuft.

So bekommen sie eine ungefähre Grundzahl mit der man dann überschläglich rechnen kann. Wenn sie also wie es gesetzlich vorgegeben ist, mit Fünfundsechzig plus Ausgleichszeit in Rente gehen und dann das gleiche Schema noch mal ansetzen.

Dann wären die Eckdaten in etwa das 50., 65., und 80. Lebensjahr, dann kostet der damals 1000,- Euro Gegenstand im Überschlag gesehen doch glatte 2200,- Euro, mathematisch genau berechnet sogar doch noch wesentlich höher.

Das ist hier nur der bildlich dargestellte Durchschnittswert der allgemeinen Inflationsrate, also quasi auch einer stillen Geldentwertung und bedeutet noch nicht die allgemeine Teuerungsrate im Handel. Die sich ja aus dem Angebot und der Nachfrage sich im Handel ergeben, die aber an der Inflationsrate trotzdem sehr stark angelehnt ist.

Es zeigt sich eindeutig, dass eine solche Berechnung in der Gegenüberstellung gesehen auch beängstigende Ausmaße annehmen können.

Sollte in ihrer Überschlagsberechnung auch noch die frühere Zeit der Umstellung von DM auf Euro fallen dann stellen sie fest, dass man damals nur etwa die halbe Summe der Deutschen Mark als Euro bekam also wenn man so will gerade mal so um die fünfzig Prozent.

Aber manche Dinge und Waren sind damals schon fast beim gleichen Preisniveau wie vorher geblieben. Man könnte den Wechsel von der D-Mark zum Euro auch als eine kleine Währungsreform bezeichnen denn genau genommen hatten sich bei vielen Dingen ja nur die Wertbezeichnung bei vielen Dingen von DM auf Euro nur unwesentlich geändert.

Dieses vorab gegebene Berechnungsschema ist nur als eine grobe über den Daumen gemachte Aufstellung und nicht mathematisch getätigt worden. Eben nur als Beispiel gemacht worden ist, um ihnen damit nur mal grob aufzuzeigen wie eine, ihre Übersichtberechnung aussehen kann und als Basis für ihr persönliches Rechenschema dient.

Es kann eben nur eine fiktive Anregung hier aufgezeigt werden, denn die Geschehnisse im Leben kann keiner vorhersagen, doch eins ist gewiss, lieber vorher klug gehandelt ist in jedem Falle besser als später sorgenvoll über versäumtes nachzudenken.

Dem Autor ist es vollkommen bewusst das dieses Zahlenspiel rechnerisch und mathematisch nicht korrekt gerechnet ist.

Denn dann müsste man die Summe mit dem schwankenden jeweiligen jährlichen Prozentsatz genau ausrechnen und jeweils hinzu und hochrechnen. Doch die momentanen Zahlen sprechen ja für sich und im Vergleich reicht es ja auch wenn man gewisse Spannen in den Beträgen ersehen und mit bedenken kann.

Denn heute fast zwanzig Jahre nach der Euroeinführung kann man doch schon unzählige Fälle sehen wo die Halbierung der D-Mark schon lange wieder wettgemacht wurde, ja sogar deutlich überholt wurde.

Genau berechnet geht es natürlich auch, damit würde die zu verrechnende Summe ja jährlich noch mehr ansteigen und sich dann somit auch eine noch beachtliche und wesentlich höhere Endsumme ergeben. Doch ich möchte sie nicht mit korrekten mathematischen Aufgaben belasten, sondern ihnen nur schematisch etwas vor Augen führen. Was aus einer vielleicht nicht besonders beachteten und ernst genommenen Geldangelegenheit auch schon bei einem solchen groben Überschlag werden kann, nur weil es für sie in eventuellen noch sehr fernen Zeiten liegt.

Wenn sie Spaß an solchen Zahlenspielen oder an echten Ergebnissen haben, dann sollten sie die doch recht aufwendige mathematische Berechnung einmal genau machen, sie würden erstaunt sein, was dann am Ende wirklich unter dem Strich herauskommt. Wenn man die prozentualen Teuerungszahlen auf einige Jahre zurück ermitteln will muss man aber schon ein wenig mehr an Studienarbeit leisten.

Doch das würde dann wiederum aber eigentlich doch auch bloß den vom Staat vorgegebenen Teuerungsrahmen im Allgemeinen aufzeigen und nicht den wirklichen Grund der Verteuerung darlegen.

Aber sie möchten eigentlich doch auch nur ihren persönlichen festen monatlichen Aufwand von vor ein paar Jahren und den voraussichtlichen in einigen Jahren, in einer gleichen Zeitspanne feststellen.

Jeder Mensch hat aber auch seinen eigenen Bedarf und seine Lebensvorstellung auch im späteren Alter und dazu reicht schon eine Berechnung über den besagten Daumen.

Denn vor Altersarmut schützt auch ein Eigentum nicht unbedingt, wenn es noch nicht voll und ganz bezahlt ist, oder noch umfangreichere Sanierungen und altersgerechte Umbauten anstehen.

Bei einer genaueren Berechnung muss man dann viele Faktoren mit einbeziehen zur Inflationsrate kommt allgemein dann noch die Teuerungsrate des täglichen Bedarfs, die Lohn oder Rentenerhöhung oder auch Kürzung und andere kaum bedachte Fakten mehr.

Sie sehen, man kann fast gar nicht alle Kriterien hier aufzeigen und aufzählen, es würde eine recht opulente und auch zum Teil verwirrende Berechnung werden die einem studierten Mathematiker alle Ehre machen würde.

Denn die maßgeblichen Faktoren sind ja auch bei jedem Menschen recht unterschiedlich und in der Bewertung daher verschieden.

Es ist aber schon erschreckend wie wenig sich viele Leute intensiv mit diesem Thema überhaupt befassen, ja manchem ist es sogar richtig lästig, wenn man etwas mehr ins Detail geht. Man bekommt dann meist die lakonische Antwort, das wird mir schon reichen, denn ich habe ja immer gearbeitet und etwas gespart wurde dann vielleicht ja auch noch.

Diese Aussage sagt aber nur eins zu hundert Prozent aus, das der Jenige wirklich nicht weiß was in seiner Rentenzeit dann finanziell auf ihn zu kommt. Er vertraut einfach darauf, dass seine Rente später schon ausreichen wird, es hat ja auch bis heute aller Probleme zum Trotz auch gereicht.

Doch dabei wird übersehen das sein späteres Einkommen, seine Rente nur einen Bruchteil, nur rund die Hälfte seiner heutigen Einkünfte sein wird, genau genommen sogar etwas unter der Hälfte und sämtliche sonstige Vergünstigungen und Zuschüsse sind dann auch nicht mehr im monatlichen Budget zu finden.

Das mag damals bei seinen Großeltern ja vielleicht noch in etwa gestimmt haben weil der Prozentsatz noch wesentlich höher war, aber man muss auch in aller Deutlichkeit sagen dass diese unsere Vorfahren auch wesentlich genügsamer gelebt haben und noch lange nicht diese hohen normalen Ansprüche des heutigen Lebens befriedigen mussten.

Doch die erste und schnellste Erkenntnis als Rentner wird wohl die sein, dass das Leben einfach teurer geworden ist und, dass das Geld dann einfach zu wenig ist.

Das kann später somit dann aber ein wirklich herbes erwachen werden, deshalb hier nochmals die dringliche Ermahnung schon recht früh sich mit diesem Thema befassen und auch mal grob im Überschlag seine finanzielle Rentnerzukunft berechnen.

Oder möchten sie es wie einige unserer Zeitgenossen immer wieder feststellen können auch halten, man hat das ganze Jahr Zeit, doch Weihnachten kommt jedes Jahr dann doch immer recht überraschend und plötzlich.

Denn die so genannte Daumennorm bleibt trotzdem immer aktuell, denn wenn sie nur alleine die Teuerung der Mieten oder allgemeinen Nebenkosten dann mit den besagten Jahresabständen ansehen. Dann sehen sie heute was sie vor fünfzehn Jahren bezahlen mussten und was sie in etwa in fünfzehn Jahren bei diesen Kosten im Vergleich erwarten können.

Auch zu bedenken ist, das für selbst bewohntes Eigentum doch auch noch einige zu beachtende und nicht zu vernachlässigende Neben und Pflegekosten aufzubringen sind, besonders wenn der persönliche Gesundheitszustand nicht unbedingt der Beste ist, und man auf eine fremde Hilfe dann angewiesen ist.

Besonders wichtig ist zu beachten ob man dann mit seinen bestehenden finanziellen Verpflichtungen des Erwerbs schon abgeschlossen hat, oder ob da noch monatliche Leistungen, vor allem wie lange noch zu bewältigen sind.

Wenn sie, als einfachen rechnerische Überschlag, die gleiche Aufrechnung mit ihren zurückliegenden und den zu erwartenden Bezügen machen. Dann bekommen sie auch einen Überblick über den etwaigen Aufwand in den dann noch folgenden Jahren.

Dabei werden sie feststellen, dass sie sich in etwa in den gleichen Bereichen bewegt haben und bewegen, was aber sehr selten auch der Fall sein wird, dann kann man von einem hoffentlich momentan fast erfreulichen ausgeglichenen Saldo sprechen.

Wenn sich also ihre normalen Einnahmen und ihre normalen Ausgaben in etwa die Waage über längere Zeit gesehen halten können, zeigt sich, dass sie sich dann wohl auf der richtigen Seite wähnen können.

Aber Vorsicht ist hier trotzdem geboten, denn wie schon erwähnt die zeitlichen Umstände sind in einem stetigen fortwährenden Wandel begriffen.

Bei einer genaueren Betrachtung werden sie dann auch feststellen das Teuerungsraten in etwa während ihrer Tätigkeitszeiten durch Lohnerhöhungen abgefangen werden konnten, aber eins ist auch gewiss, dass aber eine spätere Rentenerhöhung bei weitem die allgemeinen Verteuerungen nicht ausgleichen wird.

Denn es hat sich doch immer wieder gezeigt, dass wenn die Löhne um vier Prozent sich erhöht haben, war in der gleichen Zeit bei der Rente eine Erhöhung um gerade mal ein oder zwei Prozent fällig.

Aber dass die Teuerungsrate bei beiden Gruppen dieselbe ist, ist aber auch zu bedenken, dass der Lohn ja mindestens fast doppelt so hoch war, somit der Abstand aber automatisch immer größer wurde. Ein heute festgelegter Betrag der ein solides Auskommen nach den heutigen Gesichtspunkten bedeutet, kann Morgen oder Übermorgen schon hinfällig sein.

Das kann eine absolut unrealistische Vorstellung besonders im Rentnerstand sein und sehr weit von dem wirklichen Bedarf entfernt sein.

Denn eine allgemeine ständige Verteuerung ist immer umfangreicher auf breiter Front, wie eine Welle und macht sich dadurch auch deutlicher und unangenehmer bemerkbar, als die gelegentliche Erhöhung ihrer Altersbezüge, die diese Verteuerungen in keiner Weise abfangen können.

Wie man sieht kann man sich hier leider auch nicht mehr darauf verlassen, dafür gibt es von niemanden eine Garantie, denn erst hintennach ist man ja bekanntlich klüger und man weiß dann leider auch erst einige Zeit später ob es vielleicht doch ein wenig stimmig geblieben ist.

Wenn sie das aber einmal genauer wissen wollen, kommen sie dann eigentlich nicht umhin die kleine vergleichende Übersichtsberechnung immer wieder mal zu machen, was sich auch bei gravierenden Veränderungen in ihrem Leben dann schon fast als zwingend darstellt.

Die aber doch deutlich aufzeigt das man bei der Vorausschau auf die Rentenzeit und die dann geltenden Werte und Ansprüche, eben die dann zu erwartende Realität unbedingt im Auge haben sollten, die jeweiligen Angaben sollten stets auf ihre Richtigkeit überprüft werden.

In diese, ihre Zukunftsberechnung passt dann vielleicht die Berechnungen der Rentenanstalt, aber bedenken sie auch, dass diese jährliche Turnus Hochrechnung praktisch nur als eine fast fiktive Summe angesehen werden kann, da der endgültige Wert erst wesentlich später verbindlich errechnet wird.

Man könnte scherzhaft diese rund zehn Jahre Vorlaufzeit, vor dem endgültigen Rentenbeginn auch als eine gewisse Warmlaufzeit betrachten. Die man aber dann auch so in etwa nutzen sollte, denn jetzt ist die beste Zeit in der man vielleicht noch etwas an dem späteren schwachen Status seiner Rente ändern oder verbessern kann.

Der ausgewiesene Betrag dient eigentlich nur zu ihrer eigenen Orientierung wo sie sich finanziell in ihrem späteren Versorgungsbereich befinden könnten.

Also haben sie nur eine gewisse Hochrechnung in der Hand, hier kann man die Differenz zwischen Wunsch und Wirklichkeit dann auch am besten feststellen die sich aber trotzdem auch sehr schnell als nicht ganz richtig herausstellen kann.

Es gibt ja auch nirgendwo eine Garantie das der Aufwand den sie bis zu ihrem Renteneintritt errechnet haben dann für zehn oder noch mehr Jahre beständig bleibt, auch hier wird nach und nach eine stetig steigende Tendenz zu verzeichnen sein, die alleine schon durch die ständigen Verteuerungen sich ergeben.

Wie sie hier sehen ist es nur mit einer langfristigen Aufzeichnung und einer immer wieder gemachten Berechnung möglich hier ein wenig aber wichtige Übersicht zu behalten und erhalten ist.

Man muss jetzt nicht unbedingt wie ein Pfennigfuchser handeln, aber ein monatlich geführtes Kassenbuch kann hier sehr hilfreich sein, eine etwas bessere Übersicht über seine finanziellen Möglichkeiten die richtige Übersicht zu behalten.

Denn dann haben sie fortlaufend einen Überblick über ihre Finanzsituation im jeweiligen Monat und im gesamten Jahresablauf so können sie dann gelegentlich auch gewisse Engpässe vermeiden oder sogar umgehen.

Und müssen nicht immer wieder mal einem allgemein verbreitetem Spruch der fast monatlich seine Gültigkeit beweist, recht geben:

„Am Ende meines Geldes ist noch recht viel Monat übrig,,

Umgekehrt wäre es doch für Jeden mehr wünschenswert, den Monat ohne die ständigen Befürchtungen, dass das Monatsende dann schneller kommt als das monatliche Einkommen.

Zudem werden die Eine oder auch andere Aufwendung als mittlerweile unnötig sich herausstellen, oder wobei eine dringende Veränderung wirklich angeraten wäre, weil der Bedarf sich gründlich verändert hat, dieses ist besonders bei gebündelten Versicherungen sehr ratsam.

Genauso wichtig ist eine ganz nüchterne allgemeine Betrachtung der eigenen Lebensumstände anzusehen, denn auch kleine Veränderungen in ihrer Familie können im Grunde dann doch eine gravierende Umgestaltung ihrer gewohnten Lebensumstände bedeuten.

Ist es ratsam nach dem Auszug der Kinder über eine kleinere Bleibe nach zu denken, solche und noch viele andere Begebenheiten spielen dann im fortgeschrittenen Leben doch eine ganz bedeutende Rolle, die nicht vernachlässigt werden sollte.

Darum ein Kassenbuch führen!

In der Natur der Sache werden sich aber auch diese, ihre persönlichen Ansprüche und Ausgaben im Laufe der Zeit ständig verändern und erhöhen oder auch festigen, deshalb sollte man auch immer wieder einmal sich sein ganz persönliches eigenes Finanzbild erstellen.

Dazu muss man nur monatlich einen kleinen schriftlichen Ausgabenüberblick erstellen, eigentlich steht diesem Kassenbuch nichts im Wege, außer einer gewissen Unlust und momentanen Trägheit, doch es lohnt sich, das werden sie schon nach recht kurzer Zeit feststellen.

Sie werden sehr schnell merken, dass das finanzielle Bild immer und ständig in Bewegung ist und es ist dann wirklich keine große Überraschung ist und darstellt, dass es sich stets ins Negative bewegt und nicht unbedingt zu ihrem direkten Vorteil sich darstellt.

Nur wer weiß wo die eventuellen monatlichen finanziellen Gefahren und Schwachstellen sind, kann diesen aus dem Wege gehen. Wer sich aber keine Gedanken darüber macht muss sich dann gegebenenfalls überraschen lassen, dass das Geld in dem Monat einfach nicht reicht.

Wenn vor Ablauf des Monats noch mehr Tage als Geld übrig ist, dann ist etwas in der finanziellen Planung nicht richtig. Wer also so unüberlegt handelt, der hat dann schon bald recht große Probleme die eigentlich nicht nötig gewesen wären.

Denn wenn man die Zahlen mal deutlich sieht dann hat man zwar auch nicht mehr Geld, aber mit der Zeit dann eine bessere Übersicht, wann, wo und warum man ab einem gewissen Zeitpunkt im Monat eine beachtliche Flaute in der Geldbörse feststellen muss.

Mit dem Aufzeichnen eines persönlichen Finanzrahmens wird das Geld auch nicht mehr, aber man kann mit dem was man zur Verfügung hat besser und gezielter Vorgehen und wenn nötig vielleicht auch hier und da mal rechtzeitig umverteilen, oder auch wirklich nicht so wichtiges dann auch kanzeln.

Denn man muss nicht erst, wie schon erwähnt nach dem Ausgeben festzustellen das am Ende des Geldes noch reichlich Monat übrig bleibt.

Denn sind wir doch mal ehrlich wer hat schon alle großen und kleinen, festen und schwankenden Beträge am Ende eines Monats noch richtig im Kopf, was aber sehr wichtig sein kann vor allem wenn es finanziell immer wieder mal eng zugeht.

Wenn das im Nachhinein am Monatsende kaum noch richtig nach zu vollziehen ist wo das Geld geblieben ist, man hat sich doch fast keine Extras erlaubt, wie soll das denn im Vorhinein am Monatsanfang möglich sein, wenn man schlüssig noch nicht weiß was noch kommt.

Außerdem wird man dann vielleicht erstaunt feststellen das ausgerechnet die langfristigen Zahlungsverpflichtungen, die Viertel oder Halbjährig anfallenden Zahlungstermine, dass sie auf ein und dasselbe Datum fällig werden.

Da ist dann dringend eine schnelle Änderung, durch eine andere bessere Aufteilung der Zahlungstermine angesagt, dabei ist zu beachten das im Prinzip größere Viertel oder Halbjährliche Beträge nicht in ein und dem gleichen Monat oder zu nahe nacheinander getätigt werden müssen.

Diese Handhabung weiß im Grunde ja jeder, aber wenn man in einer Auflistung die Konstellation sieht, stellt man schnell fest das mit einer kleinen Umgestaltung wesentlich mehr Ruhe in ihr Finanzgeschehen kommt.

Diese Brisanz zu verringern genügt meist schon ein kurzes Gespräch mit dem Gläubiger oder dem Empfänger der terminlichen Zahlung, ohne eine größere Vertragsänderung einzuleiten. Denn ein ehrliches offenes Gespräch wird auch dem Gläubiger ein stabileres finanzielles Geschehen aufzeigen, somit auf beiden Seiten mehr Vertrauen einbringen.

Sonst kann man nur noch hoffen das das Bankkonto bei solch einem doch riskanten Handeln und dieses auf sich zukommen lassen, auf Dauer mitmacht. Wenn sie vermeiden wollen das am Ende des Geldes doch noch beachtliches an Monat übrig ist dann kommen sie um ein Kassenbuch führen nicht vorbei.

Mit der Führung eines Kassenbuches ist hier auch eigentlich im Wesentlichen die Vorstufe der Vermeidung einer so genannten Kostenfalle zu sehen, denn im Leben heißt es doch auch immer wieder, unverhofft kommt oft.

Nur kontrollierte und kontingentierte Ausgaben lassen ein einigermaßen ruhiges finanzielles Leben zu. Man hat dann eben alles besser im Blick und im Griff und das ist dann in jedem Fall auch gut so.

Diese Erkenntnis zählt und wirkt sich später besonders und vor allem erst recht dann im Alter aus, dann aber zu einer Zeit wo man nichts mehr an den Fakten verändern kann.

Apropos Alter vor gar nicht so langer Zeit haben die Großeltern damals noch sagen können, mit einem ordentlich gefüllten Sparbuch, dem sprichwörtlichen Strumpf unter dem Kopfkissen kann man beruhigt schlummern.

Doch da war aber auch die Rente noch eine ausreichende Altersversorgung, was sie heute aber keineswegs auch im Wortlaut nicht mehr ist. Denn diese Bezeichnung Altersversorgung ist sinngemäß schon vor Jahren unwiederbringlich in den heutigen Begriff der Grundversorgung im Alter umbenannt worden.

Doch das Altersgeld war einmal, heute zählen da ganz andere Fakten, allein schon die Höhe der Rente, die heute praktisch nur noch eine gewisse Grundsicherung ist, dieser Faktor spielt eine ganz gewichtige Rolle.

Wer nicht immer wieder, turnusmäßig so alle ein zwei Jahre rechnet und seine Kalkulation, vielleicht auch einmal kurzfristig nicht der jeweiligen finanziellen Situation anpasst wird recht bald gewisse Schwierigkeiten bekommen. Das wird aber mit jedem Jahr wichtiger mit dem sie der Rentnerzeit entgegensteuern.

Denn dass was sie sich heute vielleicht gerade noch leisten können ist morgen oder übermorgen dann doch überhaupt nicht mehr möglich.

Ein Arbeitnehmer der hin und wieder mal eine Sonderzahlung von seinem Arbeitgeber erhält sollte damit oder einem Teil davon ein eventuelles aufgezeigtes Defizit in der Rentenberechnung beheben oder eine Aufbesserung seines Rentensaldos tätigen. Eine spezielle Nachfrage nach diesen Möglichkeiten beim Rentenamt ist dazu aber unerlässlich.

Denn das Geld ist sonst schnell für mal mehr oder weniger wichtiges ausgegeben und an das besagte Später wird dann keine Minute gedacht. Was unter gewissen Umständen sich sogar noch steuerlich günstig auswirken kann, man muss sich halt nur darum kümmern, wer sich darauf verlässt das alles schon passen wird, der ist verlassen.

Denn eine gute Möglichkeit die einem geboten wird in punkto Rente die man aber nicht wahrnimmt ist praktisch eine Untat gegen sich selbst.

Man kann es drehen und wenden wie man es möchte, es bleibt einem nicht erspart sich um sein finanzielles Geschehen selbst zu kümmern und sich auch auf diesem Gebiet auch schlau zu machen, denn wenn man sich da auf Andere verlässt, ist man meist auch schon verlassen.

Wie stelle ich den Rechenwert meiner Lebenshaltungskosten fest?

Hier nimmt man die momentanen aktuellen Aufwendungen seiner festen Ausgaben an Miete, Nebenkosten, Auto, Versicherungen, oder eventuelle Hausfinanzierung und natürlich dann auch den täglich durchschnittlichen Haushaltbedarf, den sollte man ebenfalls grob festlegen aber so nah wie möglich an den tatsächlichen Ausgaben, als Berechnungswert im Monat.

Diese Feststellungen lassen sich eben noch einfacher erfassen, wenn man konsequent ein kleines Kassenbuch führt, in dem man seine monatlichen festen und auch die gelegentlichen Ausgaben am besten in zwei parallel verlaufende Sparten aufschreibt. Eine für die langfristigen festen Kosten und die andere für die laufenden sich wandelnden monatlichen Kosten.

Hier kann nur davon abraten es sich zu einfach zu machen in dem man auf die von Banken und auch Versicherungen ausgegebenen elektronischen Haushaltsbücher zugreift.

Denn sie würden ja jedem, der Wert auf ihre persönlichen Daten legt einen Freibrief zur gefälligen Benutzung für eben deren Interessen geben.

Erstellen sie ihr Eigenes, ein einfaches Haushaltsbuch in Form einer so genannten Kladde. Denn diese doch recht persönlichen Auflistungen und Daten sind und sollten nur ihre ganz persönlichen Daten sein, die keinen anderen Menschen absolut etwas angehen.

In dem sie eine monatlich abgeschlossene Ausgabenliste vielleicht in zwei, drei oder mehr Spalten mit Essen – Küche also täglichem Einkauf, sowie Café – Gaststätte, Getränkeeinkauf und dann sonstige Haushaltausgaben oder ähnliches unterteilt in Barausgabe oder mit Sternchen versehenen * Abbuchung machen, auch ein kleines persönliches Taschengeld sollte man unter sonstiges mit aufführen.

Eine solche monatliche Schablone könnte so aussehen:

Jahr / Monat:

Einkauf	Gaststätte	Wohnen	Auto	Sonstig	Abrechn.

Spaltenanzahl je nach Bedarf

Wenn sie die Abbuchungen mit Sternchen versehen, die täglichen Ausgaben auch eintragen und zum Monatsende jeweils addieren haben sie eine Übersicht ihrer laufenden Monatsbelastung.

Sehr wichtig ist auch eine Jahresübersicht, sie schützt vor unangenehmen Überraschungen oder Anhäufungen auf ein gleiches Datum.

Sinngemäß erstellen sie so eine Jahresübersicht über regelmäßig Wiederkehrende Ausgaben:

Jahreszahlangabe:

Name:	Monatlich	Vierteljahr	Halbjahr	Jährlich
Miete Nebenk.				
Leben Vers.				
Kfz Vers				
Steuern				
TV Radio				
Zeitschr.				
sonstiges				
Weiteres				
Gesamt :				

Spaltenanzahl nach Bedarf

In die zuständigen Spalten Betrag und Datum eintragen und unten addieren, so ergibt sich eine Übersicht über alle fälligen Zahlungen.

100

Zusätzlich parallel dazu einen Jährlichen mit allen turnusmäßigen festen Ausgaben versehende Liste wie Miete, Nebenkosten, Auto, Versicherung und der Gleichen, aber hier unbedingt jeweils mit der Fälligkeit Datumsangabe, wie monatlich, viertel – halb oder Ganzjährlich erstellen.

Bei beiden Aufzeichnungen empfiehlt es sich Datum und Jahreszahl nicht zu vergessen, um späteres nachschlagen und lesen zu vereinfachen, für dieses Einträge bieten sich sogenannte Kladden oder auch Kalenderhefte an.

Dazu gehören auch die regelmäßig erstellten geordneten Bankauszüge, die idealer Weise stets um den dritten Tag im Monat von ihrer Bank geholt werden sollten, weil dann die Gehalt oder Rentenüberweisung aufgelistet ist und die meisten festen Abbuchungen wie Mieten usw. getätigt wurden.

Durch diese Handhabung hat man dann praktisch eine Nettoübersicht vom Konto, an der man sich über den gesamten Monat dann recht gut orientieren kann.

Mit dieser kleinen bürokratischen Arbeit und diesem kleinen monatlichen und jährlichen Kassensturz erhalten sie nun auch eine Übersicht, wo und wann welche Beträge anfallen und wenn es auch mal erforderlich ist, auch Einsparmöglichkeiten sich ergeben können oder auch gesucht werden müssen.

Vor allem können sie durch die Jahresübersicht eine ungeschickte Häufung an festen Ausgaben auf ein und den gleichen Zeitpunkt vermeiden, die sonst fast immer zu finanziellen Komplikationen führen können, die aber mit ein wenig konsequenter Organisation nicht nötig sind.

Ebenfalls lassen sich so langfristige Verteuerungen von festen Kostenpunkten zeitnah verfolgen und eventuell auch entsprechend verändern. Bei den Aufzeichnungen reicht es eigentlich, dass man es bei den täglichen Einträgen in einem Wochenrückblick belässt, Einkaufsumme am: ... bei: ... Ausgabe am: ... bei: ... und so weiter.

Die vielleicht mit kleinen Stichworten versehen werden so dass es auch später noch für sie selbst eine schlüssige Auskunft über ihre Ausgaben gibt. Das ist auch besonders wichtig, wenn noch Ratenzahlungen zu bedienen sind, besonders dann sollte man über eine lange Zeit die Bankauszüge und Aufzeichnungen geordnet aufbewahren.

Sie werden jetzt wohl sagen das weiß doch jeder, auch ohne das alles aufzuschreiben, sie sollten es trotzdem tun, denn es geht so mancher Euro durch die Hand wo man sich etwas später fragt, wo ist denn nur das Geld geblieben.

Der Autor konnte sogar mal an Hand seiner regelmäßigen monatlichen Aufzeichnungen im Kassenbuch und auch im seit Jahren geführten Kalender mit einer täglichen Daten Auflistung als zusätzlichen Beweis bei einem kleineren Prozess sein Recht beweisen und für sich gewinnen.

Da er seine Aussagen mit genauen Daten und Summen belegen und bekräftigen konnte, da er neben seinem Haushaltsbuch eben auch separat ein Kalenderstenogramm mit Uhrzeit, Anlass und Person Benennung in Stichworten seit vielen Jahren führt und aufbewahrt.

Doch Erfahrungsgemäß weiß man auch dass es immer wieder mal ein finanziell nicht bedachtes kleines Überraschungsmoment gibt, weil man etwas nicht frühzeitig genug beachtet und oder auch nur übersehen hat.

Wenn dann neben den normalen üblichen monatlichen Ausgaben durch eine gerade nicht bedachte langfristige Quartalszahlung oder etwas Anderem dann das Konto mächtig durcheinandergebracht wird, ist meist ein doch etwas länger dauerndes Fiasko nicht zu vermeiden.

Wohl dem der dann über eine nötige und genügende Pufferzone auf seinem Konto verfügt, die aber wohl die wenigsten Personen haben.

Dann ist ein solcher nicht bedachter finanzieller Querschläger auch schon mal eine anhaltende starke Belastung und kann auch eine Einschränkung für eine längere Zeit bedeuten und nach sich ziehen.

Die häuslichen finanziellen Angelegenheiten in einer übersichtlichen Ordnung zu halten ist sehr wichtig, wenn man bedenkt wie viele, eigentlich intakte Ehen über solche unbedachten Finanzmomente schon gescheitert sind.

Mit einer pünktlichen, am besten immer an den ersten drei Tagen eines Monats gemachten Buchhaltung, an denen man seine monatlichen Kontenauszüge holt und mit dem dann geringen Zeit und Arbeitsaufwand einer solchen finanziellen formlosen Haushalt Protokollführung können sie solchen unangenehmen oder auch unbedachten überraschenden Momenten fast zu hundert Prozent entgegenwirken und im Endeffekt dann auch vermeiden.

Denn sie sehen gleich auf Anhieb was aktuell monatlich auf sie zu kommt, wenn sie das früh genug wissen und beachten, lässt sich dann auch besser Gegensteuern um einen sonst unvermeidlichen unangenehmen Engpass zu vermeiden, oder auch im nötigen Fall anders zu terminieren.

Durch das optisch machen werden sie dabei auch den einen oder anderen Ausgabenpunkt entdecken der ihnen bisher so gar nicht aufgefallen war, weil er immer so mit dabei war, der aber eigentlich als total überflüssig anzusehen ist und vielleicht schon länger hätte gekündigt worden sein sollte.

Wo auch noch ein beachtlicher Spareffekt und eine Organisationshilfe stecken könnte, zu einer Zeit, wenn es dann mal notwendig wird, ist eine aufgehängte Tafel oder auch ein Spickzettel wo die wirklich wichtigen Einkäufe und Erledigungen notiert werden. So lässt sich bei geschickter Handhabung vermeiden, dass man irgendetwas Wichtiges übersehen hat, oder sich etwas zu ungeschickter Zeit sich anhäuft.

Eine Zahlungshäufung größerer Beträge auf einen Monat sollte man unbedingt vermeiden, am besten ist es, wenn man in einem zwei Monat Sprung größere wiederkehrende feste Zahlungen plant, somit hätten sie stets einen Monat dazwischen um sich finanziellen zu erholen.

Durch eine solche Handhabung lassen sich auch unangenehme Häufungen von finanziellen Belastungen auf einen gleichen Tag oder Monat vermeiden, Außerdem könnte mit einer solchen Übersicht auch herausstellen, dass sich eine vielleicht monatlich entrichtete Versicherungsprämie bei vierteljährlicher Zahlung um einiges günstiger gestaltet.

Diese ständig aufgeführte Ausgabenliste mit den beständigen Turnusbeträgen sollte man aber auch jährlich auf eventuelle Veränderungen prüfen und korrigieren, denn manches läuft unbeachtet aus Gewohnheit weiter obwohl ein direkter Bedarf nicht mehr gegeben ist.

Dadurch ist man dann auch weniger anfällig für ansprechende Angebote auf dem Handelsmarkt, denn dann begrenzt sich automatisch und beachtlich der Blick auf das gesamte Warenangebot, wie der Volksmund ja auch schon deutlich sagt man sollte nie Hungrig einkaufen gehen.

Man muss nicht unbedingt als ein Pfennigfuchser agieren, aber interessant wird es dann auch, wenn man später mal die vergleichbaren Posten mit den Preisen und Werten von vor einem, vor zehn oder fünfzehn Jahren vergleichen kann.

Wer übersichtlich in seinem Geldverhalten handelt, kann sich manchen unruhigen Moment ersparen und unter Umständen sich hin und wieder sogar mal etwas gönnen und erlauben was sonst vielleicht nicht geklappt hätte.

Da sind dann so manche Überraschung und Erkenntnis darunter, die man sonst gar nicht so richtig wahrgenommen hat oder auch schon vergessen hatte. Oder aber, man kann die sich noch ergebende Zeitspanne bis zum persönlichen Rentenalter dabei heranziehen und vergleichen.

Sind es noch fünf oder auch noch mehr Jahre, die gleiche Zeitspanne dann zurück rechnen und die damalige Preissituation mit der Heutigen einfach mal vergleichen.

Diesen Preissprung dann auf das heutige Niveau aufrechnen und schon hat man eine Basis die bei Rentenantritt dann in jedem Falle zu erwarten ist, somit weiß man dann schon länger was einen in der Rentenzeit später in etwa erwartet.

Aber auch dann noch einmal den gleichen Rahmen aufrechnen dann hätten sie auch einen kleinen Einblick in ihr zu erwartendes aktives finanzielles Rentnerdasein, wobei vergessen werden sollte das ihr Einkommen als Rentner nur noch rund die Hälfte von Heute ist.

Ratsam wäre es einen solchen Vergleich immer wieder mal vorzunehmen, man sollte etwa im Turnus von circa fünf Jahren sich diese Mühe machen, denn in der Zwischenzeit hat sich so manchen fast unbemerkt indirekt verändert und auch unnötig verteuert. Fragen sie sich ab und zu einmal ernsthaft ob sie diese schon seit Jahren bestehenden Verpflichtungen, wie Versicherungen und dergleichen in der bestehenden Form überhaupt noch benötigen.

Aber auch um Veränderungen wie Gehaltserhöhung und die allgemeinen Verteuerungen stets im Blick zu behalten, dadurch lassen sich auch spätere unangenehme langfristige finanzielle Überraschungen weitgehend vermeiden.

Zudem könnte man durch den kürzeren Turnus dann die auch immer wieder schwankenden Teuerungssprünge besser in die Langzeitberechnung mit einbeziehen, denn auch Versicherungen und dergleichen werden ja ständig teurer und müssen auch dem jeweiligen Stand der Dinge angepasst werden.

Wenn Einem in jüngeren Jahren oder weil man so etwas noch nicht gemacht hat, dann dazu aber noch die persönlichen Eckdaten fehlen kann man auch die Erfahrungswerte im Allgemeinen nehmen.

Oder auch zum Anfang als Basis die Daten von den nahen Familienangehörigen einfach mal erfragen und diese dann zum Vergleich grob hinzuziehen. Woher sie diese Daten nehmen ist eigentlich unerheblich, sie sollten aber realistisch sein, sonst ergibt das Ganze eine der Wirklichkeit sehr ferne Version.

Wenn man nun die Spanne von früher zu jetzt, wie schon vorab kurz beschrieben, ermittelt hat und vielleicht auch in Prozente setzt und dieses dann auf das persönliche Renteneintrittsalter hochrechnet.

So lässt sich das allgemeine Kostengefüge für die doch noch für sie so fern liegende Zukunft, auch wenn sie einem jetzt doch noch recht utopisch erscheinen mag, in etwa feststellen.

Als Beispiel bei einer langfristigen Berechnung im überschlag würde es dann so aussehen, dass man mit fünfzig Jahren dann den Kostenrahmen von vor fünfzehn Jahren als man fünfunddreißig Jahre alt war, als erste Basis Summe ermittelt.

Es ließe sich auch ein zehn jähriger Berechnungsrahmen auch wählen, also mit 55 Jahren auf 45 zurück und dann auf 65 oder auf ihr vorgegebenes Rentenanfangsalter aufzurechnen.

Doch ist die Distanzberechnung der fünfzehn Jahre durchaus wesentlich realistischer, weil die normale Lebenserwartung sich ja auch in diesem Zeitrahmen sich in etwa bewegen wird. Hierzu bietet sich die Miete, die Nebenkosten oder andere noch bekannte Festkosten und Ausgaben bestens an. Auch Beträge von Anschaffungen damals, mit den heutigen Preisen verglichen ergeben ja schon ein deutliches Bild der allgemeinen Verteuerung.

Diese sich ergebende Spanne dann auf den heutigen Stand aufrechnen, somit ergibt das dann einen etwaigen Kostenrahmen in fünfzehn Jahren. Das ist hier natürlich nur als ein grober Überschlag gedacht, wie vorher schon als Rechenmuster beschrieben, also nur als eine gewisse Daumennorm gilt.

Die festgestellte Teuerungsrate dann von Früher zu Heute berechnen und dann diese gleiche Summe auf Heute aufrechnen, so erhält man einen in etwa wohl zu erwartenden Aufwand von Morgen, also braucht man auch nicht unbedingt ein Hellseher sein.

Auch wenn sich der Eindruck ergibt das hier vieles doch wiederholt wird zeigt, dass es aber immens wichtig ist, man kann es gar nicht oft genug erwähnen. Dabei sollten man aber unbedingt auch bedenken das ihr Renteneinkommen im Laufe der Zeit wesentlich langsamer ansteigt als die allgemeine Teuerungsrate ausfällt.

Also hinken sie fast unmerklich aber offensichtlich den allgemeinen Teuerungen immer deutlicher hinterher, was mit einer solchen Aufzeichnung ihnen gewiss schneller auffallen wird, als wenn keine Auflistung machen.

Durch eine solche klare, wie vorab schon angeregte Hochrechnung hätte man dann den circa Wert den man dann mit fünfundsechzig oder auch siebzig Jahren für den gleichen Lebensstandard von heute aufwenden müsste.

Außerdem können sie auch an Hand ihres Haushaltbuches sehen welche Aufwendungen man vielleicht nicht mehr benötigt oder wo eine baldige gründliche Veränderung angesagt wäre.

Dabei werden sie auch bemerken, dass die so genannten festen monatlichen Kosten im Detail gesehen in einer ständigen Veränderung sich befinden. Was Ihnen aber sonst erst bei gravierenden Preissprüngen deutlich augenfällig wird.

Aber mit dem Renteneintritt ist eigentlich die Rechenaufgabe ja noch nicht beendet denn es folgen dann ja hoffentlich noch einige Jahre im Rentnerdasein aber mit veränderten Bedürfnissen und Belangen.

Was ebenso wichtig ist, sind auch die Überprüfungen der dann schon seit längerer Zeit bestehende Versicherungen, ist oder wäre da nicht eine Änderung angesagt.

Auch bei Sparverträgen, welche müssen beibehalten werden und welche sind mit der Zeit überflüssig geworden sind, die aber aus purer Gewohnheit noch bestand haben.

Oder auch welche die in ihrem heutigen Leben Standard nicht mehr angemessen sind und wie muss oder kann ich diese dann meinem neuen Rentnerdasein besser anpassen.

So wie die Versicherungen regelmäßig ihre angepriesenen Leistungen dem jeweiligen Stand anpasst, so sollten auch sie ihren persönlichen Bedarf prüfen und anpassen. Auch wenn es im Moment nur sich um ganz kleine Spar Beträge handelt, ist zu bedenken auch Kleinvieh auf die Dauer ganz schön viel Mist macht.

Zudem ist auch zu beachten das mit dem Renteneintritt auch in den Versicherungen und auch bei den Banken ihr seit Jahren bestehender Status sich gründlich ändert. Denn bei diesen Gesellschaften zählt wirklich ab dann auch nur noch ihr zu erwartender Jahreszeitbereich, auch wenn man ihnen das nicht so krass sagen wird.

Bei diesen Gedanken sollten aber auch nicht unbedingt der aktuelle Zinsspiegel den Ausschlag über eine Kündigung oder Weiterbestand geben. Denn das Zinsniveau ist nicht von immerwährenden Stand, eine alte Anlage oder Versicherung lässt sich auch auf seinen momentanen Finanzrahmen verändern, ohne gleich alles in Bausch und Bogen zu ändern.

Zudem sollte man dabei bedenken, dass in diesen Altersbereich es nicht mehr ganz so einfach ist eine Finanzierung für einen altersgerechten Wohnungsumbau oder einer fälligen nötigen Sanierung bei einer Bank zu bekommen.

Wozu dient eine Rentenauskunft?

Um eine bestimmte und sich immer wiederholende Grunderkenntnis kommt man einfach nicht herum, wer in jüngeren Jahren zu wenig rechnet und nur auf den Tag hineinlebt muss im Alter umso mehr rechnen und auf so manches verzichten, dann doch lieber hin und wieder mit dem ungeliebten Rechnen sich befassen.

Die in späteren Jahren, so ab dem 55. Lebensjahr bekommen sie die turnusmäßigen Rentenauskünfte, die sie vom Rententräger dann zu geschickt bekommen, damit wird ihr bisheriger Rentenverlauf jeweils in Bruttobeträgen aufgerechnet.

Speziell die erste und zweite Rentenauskunft ist besonders wichtig für sie, diese sollten sie genauestens kontrollieren und die beigefügten Merkblätter gründlich lesen, denn dort in dem sogenannten Kleingedruckten steckt sehr viel Wissenswertes, damit können sie die Auflistung dann auch wesentlich besser verstehen.

Denn nicht immer sind diese komplett und korrekt und selten gleich gut verständlich, unter Umständen stellen sie auch fest, dass ein Arbeitgeber sie vielleicht gar nicht angemeldet hatte, dann ist es gut, wenn man noch über alte Belege und Abrechnungen verfügen kann.

Auch diese Unterlagen sollten sie unbedingt zu Vergleichszwecken gut aufbewahren, denn so können sie auch den stetigen Wandel und Werdegang ihrer späteren Rente beobachten.

Achten sie besonders auf die dann aufgezeigten einzelnen Zeiten ihrer schon lange zurückliegenden Arbeitszeiten und anrechenbaren pauschalen Ausbildung oder Familienzeiten der damit ausgewiesenen und berechneten Rentenanrecht Zeiten.

Denn es können natürlich auch zwischen durch kleine oder auch größere Lücken und Fehleintragungen und somit Falschberechnungen vorkommen, hier ist es gut, wenn man über alte Unterlagen verfügt.

Bedenken sie, dass das nur eine Hochrechnung ist und noch keinerlei Rechtsverbindlichkeit besitzt. Auch die Summenangabe ist nicht unbedingt die spätere Höhe der Rente, viele sehen dann aber erstmal leider nur die Summenbenennung und vergessen den Rest zu lesen.

So mancher Neurentner hat mit dem Erhalt des rechtsgültigen Rentenbescheides dann ein doch herbes Erwachen, weil er sich von den alten Überschlagszahlen hat blenden lassen, denn das waren ja nur stets die bestmöglichen und zudem Bruttozahlen.

Denn in der Zwischenzeit hat sich so manches bei den Bestimmungen und vielleicht auch unbemerkt bei einem selbst verändert, was eine andere Bewertung ihrer Daten hervorrufen kann.

Zudem sollte auch bedacht werden das ihr jetziger Lebensstandard und gewohnter finanzieller Rahmen sich mit den noch folgenden Zeiten sich beachtlich ändern kann.

Überwiegend wird man auch feststellen das viel Gewohntes sich doch beachtlich verteuert hat, wobei man sich fragen sollte, benötigt man das Eine oder andere einstmals Wichtige noch.

Denn mit den Jahren wandelt sich ja auch ihr allgemeines Bedürfnis und vielleicht auch ihre Interessen, was mit heutigem Stand und der Angabe in ihrer Auskunft als machbar erscheint, kann dann, wenn es soweit ist dann schon hinfällig sein oder es stellt sich dann als nicht mehr praktikabel heraus.

Betrachten sie ihre Rentenauskunft stets so kritisch wie ihre aktuelle Lohnabrechnung, denn unbeachtete Veränderungen können sich immer wieder einschleichen.

Bei Unverständlichkeiten, eventuellen Unstimmigkeiten sollten sie diese mit einer schriftlichen Anfrage mit der Bitte um eine Klärung der entsprechenden Passage stellen, dabei die nötigen Kopien von den zu klärenden Angelegenheit nicht vergessen.

Zudem gibt es auch turnusmäßig Beratungstermine bei den örtlichen Beratungsstellen der Rentenversicherung und auch bei den Krankenkassen.

Lesen sie auch gründlich die Erklärungen in den Anhang Blättern, hier merken sie dann auch wie kompliziert und Komplex das Rentengesetz ist. Lassen sie sich durch das Verwaltungsdeutsch nicht beirren, manches versteht man auch erst nach mehrmaligen lesen. Aber es lohnt sich für sie, wenn sie diese Rentenauskünfte genau studieren und sich für sie unverständliche Dinge vielleicht einmal profund erklären lassen.

Denn mit den Angaben haben sie auch die Chance und auch das Recht eine Unstimmigkeit zu hinterfragen oder auch korrigieren zu lassen. Eventuell auch, aber nur mit Kopien von entsprechenden Originaldokumenten versehen um Richtigstellung ersuchen, diese Klärung bitte nicht auf den späteren Endzeitpunkt aufschieben.

Sollten ihnen auch der Eine oder andere Beleg über ihre früheren Tätigkeiten fehlen, dann haben sie immer noch die Möglichkeit mit einem Zeugen, einem früheren Kollegen ihre fehlende Zeit zu belegen.

Es ist also sehr wichtig, dass sie diese Auskünfte und Angaben genau lesen und auch versuchen die Angaben nachzuvollziehen und auf ihre Richtigkeit überprüfen und bedenken sie auch immer, diese Beträge in den Angaben sind genau genommen Bruttobeträge. Besonders wichtig ist die genaue Kontrolle bei häufigen arbeitsbedingten Orts oder Firmenwechseln und den dabei entstandenen eventuellen Fehlzeiten.

Sehr günstig ist auch wenn man über Jahre die Lohn und Gehaltsabrechnungen und Versicherungsnachweise sorgsam aufbewahrt hat, oder auch die der allgemeinen Sozialabzüge vorweisen kann.

Diese Rentenauskunft ist nicht zu verwechseln mit einem Rentenbescheid der ja erst nach der Renten Beantragung erfolgt, diese Rentenauskunft verändert sich zudem ja auch ständig im jährigen Turnus.

Sie ist dann auch nur eine Aufzeichnung und der Nachweis ihrer Tätigkeit und Versicherungszeit, eben eine Hochrechnung eine Wahrscheinlichkeitsrechnung über den Verlauf ihrer zurück liegenden Versicherungszeit und ihrer später zu erwartenden Rente.

Die aber noch keine Garantiesumme für ihre spätere Rente und vor allem eben nicht in der Höhe der angegebenen Beträge ist, denn die Summenangabe ist ein Bruttobetrag, von dem noch unter anderem ja der Kranken und Pflege Versicherungsanteil abgeht.

Denn die verbindliche Summenauskunft kommt erst mit dem endgültigen Rentenbescheid und der kommt auch erst wenn sie das endgültige Renteneintrittsalter erreicht haben oder den Rentenantrag gestellt haben.

Das ist auch im so genannten Kleingedruckten nach zu lesen. Es beweist sich aber auch, dass es wirklich fast zwingend ist, sich Verhältnismäßig recht früh darüber Gedanken zu machen und dieses Thema nicht zu leichtfertig zu nehmen.

Bedenken sie dabei auch dass es heute vielleicht lästig ist sich in dieser Form mit ihrer Zukunft zu beschäftigen, aber vorzeitig ein eventuelles Problem erkennen kann vor späterem Schaden schützen.

Aber viel lästiger und deprimierender wird es, wenn sie später erkennen müssen das sie einige ihrer Vorhaben aus finanziellen Gründen streichen und eventuell dann jeden Euro dreimal umdrehen müssen, auch hier bestätigt sich der alte Spruch Vorsicht ist besser als Nachsicht.

Denn man geht doch recht lange Zeit ganz automatisch davon aus, dass man alles was bisher dem Zeitmangel zum Opfer gefallen ist, dann als Rentner endlich gemacht werden kann. Viele angehende Rentner haben ja noch viele Ideen für die dann arbeitsfreie Zeit und stellen sich diese so heiß erwartet Zeit wesentlich rosiger vor als sie sich dann vielleicht verwirklichen lässt, die meisten sehen eben diese Zeit dann leider nur aus dem jetzigen zeitlichen Blickwinkel. Aber dann wenig vorausschauend mit keinem Gedanken und Augenblick auch an die dann nötigen finanziellen Möglichkeiten beachtet hat.

Der Mensch ist und bleibt genau genommen ein auf Gewöhnung ausgelegter Erdenbewohner, darin verbirgt sich aber eine Unmenge an Fehler und Fallstricke. Die aber allesamt sehr unangenehm sich dann auswirken können, die aber eigentlich, genau besehen eben gar nicht erforderlich sind und waren.

Denn dann hätte man doch endlich mal die Zeit für Dinge die bislang immer an dieser Zeitfrage gescheitert sind, aber ob man dann, wenn man zeitlich könnte auch noch die Lust dazu hat steht ebenfalls in den Sternen. Aber ob dann auch noch das dafür nötige Geld zur Verfügung stehen wird steht in den Sternen, denn auch die kleinste Freizeitgestaltung kostet Geld, die bekommt man eben nicht frei Haus.

Wenn sie sich aus momentaner Bequemlichkeit darauf verlassen, dass es schon passen wird, wenn es soweit ist, dann sind sie schon verlassen, nicht nur von einem kritischen Gedankengang und dem kontrollierenden Blick in ihre bis dahin doch etwas vernachlässigten Unterlagen.

Leider kümmern sich eben darum die meisten Leute die sich auf ihre Rentenzeit freuen nicht oder nicht früh genug darum, ob ihre Vorstellung über die Höhe der endgültigen Rentensumme auch nur annähernd an die Größe ihrer schönen Vorstellungen für später reichen würde.

Man bemerke auch hier, nicht die baldige unbegrenzte freie Zeit sollte das Thema Nummer eins in den Gedankengängen sein, sondern wie sieht diese Freizeit dann finanziell in meiner Rentenzeit aus, kann ich mir meine Vorstellungen dann auch nur in Etwa noch erlauben.

Es kann sich somit dann auch ein Widerspruch in ihren Gedanken an sich ergeben, erst hatten sie nie die Zeit für etwas, aber das Geld vielleicht schon dafür. Und dann als Rentner kann sich das anders herumzeigen, jetzt haben sie die früher fehlende Zeit aber jetzt fehlt ihnen das Geld dazu.

Besonders Ärgerlich wird es dann, wenn man irgendwann dann feststellen muss, dass man durch etwas kritische Beachtung und sich darum kümmern, manches Ärgerliche sich hätte vermeiden lassen.

Gerade in den Momenten wo man kaum weiß wo einem der Kopf steht, geschehen schnell Dinge die man etwas später mit ein wenig Abstand zur Sache dann ganz anders bewerten muss und kann, dann sollte man aber spätestens auch reagieren.

Denn es ist nun mal so, dass man fast immer erst hinterher gescheiter ist, doch dieses sollte dann aber nicht auch noch zu spät sein.

Ein Faktor der fast völlig mit der Zeit in die Vergessenheit zu geraten scheint ist der Passus bei einer Scheidung des Versorgungsausgleichs für den ehemaligen Partner. Über diesen Passus hört man einmal etwas bei der Scheidung und dann eigentlich nie wieder etwas, es sei denn man macht sich darüber irgendwann einmal schlau, doch es kann ihre spätere Rente doch auch beachtlich schmälern.

Mit diesem Passus hat es viele beachtenswerte Fakten auf sich, da spielt der Trennungsjahrgang und auch der eventuelle Todestag und Jahr eines Partners eine entscheidende Rolle.

Die endgültigen Fakten sind schon etwas schwierig in der Handhabung, wobei ein profunder Rechtsbeistand nicht die schlechteste Wahl wäre.

Man muss ob man nun will oder auch nicht, sich um seine Angelegenheiten bei Zeiten kümmern, um nicht hinterher bekümmert zu sein.

Freizeit und Geld!

Unbegrenzt Zeit haben, seinen Hobbys frönen, schöner kann man sich die Rentnerzeit doch gar nicht denken, doch dazu braucht man auch, oder dann gerade eben auch das entsprechende Geld.

Eine treffende Stammtisch Parole besagt aber auch schon recht drastisch:

„Das ganze Dasein kostet überraschend viel Geld
und am Schluss sogar das Leben,,

Wenn man dann aber den Träumen von schönen Reisen und den gedachten Freizeitbeschäftigungen dann Adieu sagen muss und selbst Beiträge für Vereine, in denen man sich schon viele Jahre wohl gefühlt hat, auch nicht mehr finanziell zu stemmen sind dann aufgeben muss.

Das ist dann doch sehr schmerzhaft und deprimierend, es ist mehr als ernüchternd und auch für manchen recht Blamabel dann zu bekennen, dass man sich das nun nicht mehr erlauben kann und verabschiedet sich dann von einer zum Teil Lebenserfüllenden Angelegenheit mit einer doch recht faden Ausrede.

Daher kommt wohl auch zum Teil eigentlich ein Phänomen vieler Vereine, das langjährige Vereinsmitglieder sich praktisch im Alter unsichtbar machen. Und dann mit ihren Beiträgen so lange im Rückstand bleiben bis sie vom Verein als Mitglied automatisch gestrichen werden, denn den wirklichen, den finanziellen Grund gibt kaum einer gern freiwillig preis.

Eine Redensart trifft hier ganz besonders den Punkt:

Sorge dich bei Zeiten um das Morgen
dann hast du später weniger Sorgen.

Man kann es eigentlich gar nicht oft genug sagen, so früh wie es eben möglich ist, mit kleinen Summen für später sorgen und auch in ganz frühen Jahren sein Altersziel im Auge behalten. Selbst wenn das Schicksal es eine Zeit lang nicht so gut mit ihnen meinte, Rechnen ist auch dann das oberste Gebot, dann sogar erst recht, sonst wird man auch von Problemen heimgesucht die eigentlich gar nicht nötig gewesen wären.

Es gibt natürlich auch Momente die einen an einer gewissen Gerechtigkeit doch stark zweifeln lässt, doch Erfahrungsgemäß leidet der am meisten der sich selbst aufgibt, denn wenn der Weg auch noch so steinig ist, die Hauptsache ist, es gibt einen Weg.

Dem Autor ist vollkommen bewusst das man nur wenig Horizont hat, wenn man in einer engen Gasse sich befindet, doch es zeigt sich auch immer wieder das man durch eine Richtungsänderung wieder Licht am dunklen Himmel finden kann.

Denn nur wer sich mit dem momentanen Schicksal abfindet, also das voranstreben aufgibt, sieht vor lauter negativer Aussicht keinen positiven Horizont mehr. Zudem dann den Schuldigen an der persönlichen Misere in seinem direkten Umfeld zu suchen, ist eigentlich genau genommen Seitenverkehrt, denn man hätte selbst eben schon längst, wie schon beschrieben selbst tätig werden sollen.

Der Wandel der Rente und der Berechnung.

Der Grundgedanke, als eine Altersversorgung vor vielen Jahren damals von Bismarck initiiert und eingerichtet wurde, war das ein Mensch der sein Leben lang gearbeitet hatte sich dadurch auch eine Rente im Alter verdient hat.

Auch um dann nicht auf Almosen angewiesen zu sein, mit der Vorausgabe das er auch in dieser Arbeitszeit immer sein Scherflein dazu beigetragen hatte. Es waren damals wirklich fast noch goldene Zeiten als man um die siebzig oder auch noch knapp sechzig Prozent Netto von seinem Verdienst als spätere Rente ansehen konnte.

Doch diese Zeiten sind für einen Ottonormalverdiener leider unwiederbringlich und sehr lange Jahre schon vorbei. Das Rentenniveau hat sich im Laufe der Zeit Schritt für Schritt verringert, von damals über siebzig Prozent des Einkommens über einige Stationen, noch lange Zeit waren es knapp über fünfzig Prozent doch nun ist mittlerweile der Wert auf unter diese fünfzig Prozent gesunken.

Dieses ist auch auf diverse Gesetzesänderungen und einigen Umschichtungen, sowie geänderte Berechnungen zurückzuführen.

Der Gesetzgeber sagt es heute auch schon überdeutlich, eine Rente ist nur ein Teil der Altersversorgung, das jeder selbst für das auskommen in der Rentnerzeit mit seiner Rente im Alter verantwortlich und zuständig ist und in keinem Fall der Staat.

Denn die heutige Rente wird daher auch nur noch als eine, wie schon mehrfach erwähnten Grundabsicherung im Alter angesehen und wird auch so heute offiziell bezeichnet, also es ist somit eigentlich keine allgemein ausreichende umfassende Altersversorgung wie früher mehr.

Man muss auch bedenken das die Vielzahl, der größte Anteil aller Rentner normale Arbeitnehmer waren und nicht über eine üppige Entlohnung sich freuen konnten, sondern dass es immer so recht und schlecht zum Leben gerade mal gereicht hatte.

Genau in dieser Zeit, so paradox es jetzt klingen mag, sollte man an das Später denken und trotz schwerer Zeit unbedingt die Eiserne kleine Rücklage nicht vernachlässigen, hier nochmal den Tipp das tägliche Klimpergeld bietet sich da hervorragend an.

In den vergangenen Zeiten hatte man noch eine besondere Lebensversicherung bei einer recht langen Laufzeit und verhältnismäßig geringer Prämienzahlung. Sie war auf das so genannte erleben von dieser Versicherung ausgelegt, somit konnte man eine hübsche Summe im festgelegten Alter erhalten.

Doch diese Art von Versicherungen sind heut zu Tage nicht mehr aktuell und werden kaum noch angeboten, weil die üppigen Zinsmöglichkeiten mit der Zeit dahin geschmolzen sind, was aber heute immer noch für sehr viele Personen sehr hilfreich sein könnte. Daher auch der gute Rat, es eben dann über Jahre selbst zu tun und kontinuierlich etwas zusätzlich zu sparen, um zum gegebenen Zeitpunkt dann praktisch hilfreich seine Rente im Rahmen der Möglichkeiten dann aufzustocken.

Ihre schwere Zeit könnte ja auch mal beendet sein und ihnen geht es dann wieder besser, aber ihre vergangene finanzielle schwache Zeit, an die sie kaum noch denken wollen, holt sie nach vielen Jahren wieder ein. Weil diese Zeit sich dann doch in ihrer endgültigen Rentenaufrechnung sich sehr unangenehm nachträglich bemerkbar macht.

Denn das schlägt sich dann heute eigentlich mehr oder weniger direkt in der Rentenberechnung nieder, es zählen ja nur die sich ergebenden Faktoren, die gesamte Jahreslaufzeit und die dann eingezahlten Pflichtbeiträge und eventuell die sonstigen berechnungsrelevanten Vergütungen.

Und dann noch zu Guter Letzt vielleicht der selbst freiwillig geleistete oder nicht geleistete Vorsorgeanteil als einer der wichtigsten Faktoren.

Sollten sie da eine gewisse fast namensgleiche Rentenart wählen die auch vom Staat empfohlen und begünstigt wird, ist nicht unbedingt gut beraten, denn die steuerliche Sicht deckt nicht immer den nicht Rentenrelevanten Anteil ihrer Einzahlungen.

Hier sollten sie unbedingt auf das Kleingedruckte in der Anlage der Unterlagen und auf die jeweiligen Vergütung des Vermittlers achten, sonst füllen sie unbewusst mehr die Taschen des regen Vermittlers und der Versicherung als ihre eigentliche Altersvorsorge auf.

Wenn sie da nicht richtig schauen und mitrechnen, bekommen sie später wesentlich und deutlich weniger raus als sie eingezahlt haben, das kann stellenweise eine Einbuße von bis zu rund dreißig Prozent ihrer Einzahlungen sein.

Auf mehreren Säulen basierend, so sollte die heutige Rentensituation eigentlich im normalen Fall aussehen.

Besser gesagt so wird die Rentenzeit heute vom Gesetzgeber gedacht und gesehen, entsprechend sind auch die gesetzlichen Vorgaben dafür ausgelegt. Aber eine wirklich kritische rechnerische Betrachtung ist in jedem Fall angesagt, denn sehr verständlich erscheint einem im ersten Moment diese Aufrechnungsart gewiss nicht.

Denn in der Rentenberechnung wird eben nicht in Prozent, sondern in Berechnungspunkte gerechnet, diese Handhabung mit dem aktuellen Berechnungspunkt wird durch die Höhe des jeweiligen gezahlten Betrages im Schnitt eines Jahres bei den Sozialabzügen erstellt.

Doch mit dieser Berechnungsart kann im Grunde nur ein Fachmann auf diesem Gebiet richtig etwas anfangen, offene Fragen sollte man sich daher von einem solchen auch einmal richtig erklären lassen.

Doch bitte Vorsicht, denn ein normaler darauf versierter Versicherungsmann möchte ihnen ja zwangsläufig auch etwas verkaufen, davon lebt er ja auch und will ihnen keinen kostenlosen Vortrag über eine Rentenberechnung halten.

Aber eins ist eindeutig, wer im Schnitt immer wenig, oder auch sehr oft schwankend durch diverse Stellenwechsel unterschiedlich verdient hat, hat auch zwangsläufig in der Summe und der daraus resultierenden Punkte Bewertung wenig eingezahlt und beigetragen.

Er ist aber nur einer der maßgeblichen Faktoren, er wird dann noch mit der gültigen Summe der Versicherungsjahre und dem persönlichem Zugangsfaktor hochgerechnet. Die Rentenberechnung ist eine schwierige, komplexe und auch schon recht verwirrende und auch komplizierte Angelegenheit, es gibt dazu eine ganze Reihe von Veröffentlichungen und Ratgebern auf dem Buchmarkt.

Heute ist der Begriff Rente, eigentlich damals als eine Altersversorgung gedacht, schon eine ganze Weile nicht mehr richtig, sondern sie wird wie schon gesagt heute offiziell als eine Grundversorgung im Alter bezeichnet.

Das ist keine Wortspielerei, sondern bedeutet knallhart, die Rente ist kaum noch von einem Sozialgrundbetrag zu unterscheiden und in ihrer Summe fast gleichbedeutend, wenn nicht stellenweise sogar noch darunter. Wer möchte aber auch schon gerne als Rentner später zugleich auch noch Sozialhilfe Empfänger sein, obwohl doch praktisch ein Leben lang gearbeitet wurde.

Denn nur der, der kontinuierlich über lange Zeit viel verdient und daher auch eingezahlt hat braucht sich eigentlich kaum Gedanken machen, doch durch schwache Zeiten zwischen durch kann das auch ganz schnell wieder hinfällig werden, da kann ein Orts oder Stellenwechsel und auch eine Scheidung das gut geglaubte Rentengefüge gewaltig in Unordnung bringen.

Denn nicht umsonst wird allerorten in der Politik von einer Sockelversorgung gesprochen, zu der in Eigenleistung zusätzlich noch vorgesorgt werden soll und muss.

Mit dem einzigen Unterschied das man selbst ein wenig Einfluss auf die Höhe der Rente durch seinen früheren Verdienst hat und der Sozialbetrag nur einer vom Amt vorgegebenen persönlichen Bedarfsberechnung und Norm unterliegt. Aber es wird vom Gesetzgeber immer wieder dazu angehalten doch durch zusätzliche Eigeninitiative und Vorsorgeleistungen selbst für eine spätere ausreichende Altersfinanzierung zu sorgen.

Das vertrackte daran ist aber, wovon soll man noch etwas zusätzlich leisten, wenn man es praktisch gar nicht hat, oder man viel zu spät über den wirklichen Stand und der eventuellen Möglichkeiten etwas erfährt. Genau das ist der Punkt wo die frühe Eigeninitiative besonders gefordert und gefragt ist.

Wie man hier eindeutig sehen kann, hier gibt es eben auch gewisse Schwierigkeiten, denn wenn man nur gering verdient, kann man eben auch nicht ausreichend genug in die angepriesene zusätzliche Altersvorsorge einzahlen.

Denn nicht jeder hat regelmäßig die ein oder sogar zwei Hundert Euro monatlich zum hinzu sparen in irgendeiner Art von entsprechender Versicherung übrig. Deshalb immer, wenn es eben geht ein wenig auch in den schwierigeren Zeiten, schon sehr jung und früh, einen in kleinen Schritten erschaffenen Rückhalt bilden.

Daher auch der schon mehrfach angesprochene Punkt, sehr früh in kleinen Beträgen vielleicht mit einem kleinen Sparvertrag ein eisernes Polster wirklich nur die spätere Rente anlegen, dieses kleine Polster kann ihnen viele Jahre später eine annähernd beruhigende Rente einbringen.

Was bei den Frauen noch wesentlich wichtiger ist, weil bei ihnen durch eine lange Familienzeit unter Umständen recht viel an späterer Rente verloren gehen kann. Eben besonders bei den Frauen kann man schon vorab sagen, es werden gewiss irgendwelche Lücken im Laufe der Zeit entstehen, die sich im Rentenalter dann doch recht schmerzlich herausstellen könnten.

Die aber in einem glücklichen Familienleben überhaupt nicht bedacht, geschweige denn verspürt worden sind. Doch hier ist es wirklich dringend angebracht an die drei Lebensabschnitte ernsthaft zu denken, wobei jeder seine eigenen Bedingungen hat.

Denn nach dem zweiten Abschnitt mit der Familie, kommt unweigerlich der Dritte, der des Alters, wo auch recht viel bedacht werden muss.

Aber auch mit einem intakten Leben hat man noch lange keine Garantie für eine gute Altersversorgung, denn dort zählt nur das selbst geleistete an persönlichen Beiträgen und nicht wie lange man glücklich und zufrieden seine Familie versorgt hat.

Renten sind genau genommen Bruttobeträge!

Hier kann man wieder nur dringend bemerken, kümmere dich immer wieder um deine Ruhestandszeit nach der Arbeitszeit, denn wenn die Gesundheit mitspielt kommt sie fast schneller als dir das hinterher recht sein kann.

Sehr wichtig ist auch dabei zu beachten, dass man die zukünftige errechnete und zu erwartende Rente praktisch als ein Bruttobezug betrachten muss und auch als solches dann auch so mitgeteilt bekommt.

Nicht wenige der späteren Rentenanwärter sind sich dessen überhaupt nicht bewusst, dass die schon lange Jahre vorher hochgerechnete Summe der Rentenauskunft der zu erwartenden Rente ein nicht garantierter Bruttobetrag ist, es ist eher eine amtliche Schätzung auf der Basis ihrer zu erwartenden Bezüge. Die sich aber auch in einem stetigen Wandel der Begebenheiten sich bewegen.

Denn davon wird auch noch prozentuale Abzüge für den persönlichen Kranken Versicherungsanteil und dem Anteil an der Pflegeversicherung, immerhin zurzeit wesentlich mehr als achtzehn Prozent gesamt, in jedem Falle abgehen, außerdem gibt es zusätzlich auch noch den Regionalbetrag der ebenfalls in Abzug kommt.

Dies sind auch im Rentenalter fällige Sozialabzüge und wenn man mit seinen Gesamteinkünften dann trotzdem noch einen bestimmten Betrag überschreitet, kommen dazu auch noch die Steuerabzüge hinzu.

Zudem werden andere Einkünfte wie Betriebsrenten, Witwenrente und dergleichen und jede andere Einnahme wie eingenommene Mieten oder Zinsen von Erspartem einberechnet werden und das kann dann auch je nach Höhe zu einem prozentualen Abzug ihrer zu erwartenden Rente führen oder zu einer Versteuerung der Rente führen.

Hierzu zählen anrechenbare Nebeneinkünfte die sie dann angeben müssen, zum Beispiel:

* Eine Rente aus gesetzlichen Unfallversicherungen

* Abfindungen   „   „   „

* Heimpflege   „   „   „

* Verletztengeld   „   „   „

* Leistung durch Entwicklungshelfer Gesetz

* Eine andere Rente, gesetzlicher Rentenversicherung

* vergleichbare Leistungen aus dem Ausland

* Entschädigungen für Abgeordnete

Diese und auch noch andere zurzeit nicht näher bezeichnete Einkünfte die aus gesetzlichen und staatlichen Töpfen gezahlt werden, müssen in jedem Fall angegeben werden, auch wenn sie zusätzlich etwas dazuverdienen wollen, kann eine Verrechnung mit einer bestehenden Witwenrente erfolgen.

Eine aktuelle Auflistung ist im Kleingedruckten des Rentenbescheides zu ersehen oder eine dann aktuelle Auskunft vom Rentenberater des Rententräger gibt da den richtigen Aufschluss.

Außerdem wird auch eine ganze Reihe nicht staatlicher Bezüge auf oder gegen gerechnet. Ob diese Angaben dann einen Abzug bewirken liegt an der jeweiligen persönlichen Bemessungsgrenze. Ob aber diese Angaben auch noch steuerlich relevant werden, können sie wiederum nur von ihrem zuständigen Finanzamt erfahren und diese Nachfrage sollte man auch zum gegebenen Zeitpunkt nicht versäumen.

Wenn man nun aber einen gewissen, vorgegebenen Betrag an monatlicher Renteneinnahmen überschreitet muss in jedem Fall eine Steuererklärung erstellt werden, ob sie dann etwas zahlen müssen erfahren sie wiederum dann erst vom Finanzamt.

Bei den meisten Fremdeinnahmen muss das ja sowieso gemacht werden und dann muss auch eventuell eine entsprechende Steuer bezahlt werden. Den aktuellen Betrag und die prozentuale Höhe einer Besteuerung erfahren sie bei ihrem örtlichen Finanzamt, auch wenn es im Zusammenhang mit der Rente ist, er wird nicht von der Rentenanstalt festgelegt und ihnen auch nicht mitgeteilt.

Wenn sie darüber mehr wissen wollen dann müssen sie sich mit dem Finanzamt in Verbindung setzen und beraten lassen oder einen Steuerberater einschalten. Kommen sie jetzt bloß nicht auf die vermeintlich tolle Idee, was ich denen beim Finanzamt nicht mitteile können die auch nicht wissen.

Denn dann irren sie ganz gewaltig, denn die Rentenversicherung ist verpflichtet jährlich den gezahlten Betrag der monatlichen Rente an die Zentrale Zulagenstelle für Altersvermögen beim Finanzamt zu melden. Somit ist ihr Renteneinkommen dort auch schon bekannt.

Ob sie aber tatsächlich Steuern bezahlen müssen, hängt von doch recht verschiedenen Faktoren ab. Zum Beispiel eine Zusammenveranlagung bei Ehegatten, Art und Höhe anderer oder fremder Einkünfte, zudem haben sie ja auch noch die Möglichkeit eines Steuerabzugs bei einigen besonderen Aufwendungen.

Auch die richtige Höhe der Beträge aus andersartigen Vorsorgeaufwendungen oder außergewöhnliche Zahlungen an sie, können aber auch steuerlich beachtet werden. Sondern sie können auch zu Abzügen bei der Rente führen, auch anderweitige Einnahmen können also kräftig negativ zu Buche schlagen.

Allgemein heißt es ja, dass man zu seiner Rente unbegrenzt dazu verdienen kann, doch das ist eigentlich nur auf die eigentliche Grundrente ihrer Altersrente möglich und auch so gedacht. Hier muss man sich eingehend beraten lassen um nicht einen Schaden mit einer guten Absicht zu erreichen.

Denn es kommt wie schon erwähnt auch auf die Art der Hinzuverdienste oder Einnahmen an, manche sind von Grund auf ja schon Steuerpflichtig, eventuelle Sonderbelastungen und Ausgaben werden wie im normalen Steuerbereich dann auch angerechnet.

Die allgemeine Aussage man darf als Rentner unbegrenzt hinzu verdienen ist eben nur begrenzt richtig und bezieht sich dann auch nur auf die ganz normale Altersrente, ihre Altersgrundversorgung.

Durch den Bezug einer zweiten und anderen Rente wird aber der erarbeitete Hinzuverdienst dann dort in den meisten Fällen, also bei Witwen oder Zusatzrente prozentual wieder gegen gerechnet und nicht nur steuerlich erfasst.

Man merke, grundsätzlich nicht jede Einnahme im Rentenalter ist von der Gegenberechnung ausgespart und auch nicht unbedingt Steuerfrei, man ist auch nicht automatisch von einer entsprechenden jährlichen Steuererklärung befreit.

Sich frühzeitig eingehend informieren ist sehr wichtig um nicht hintennach einen Schaden zu haben. Eine Steuererklärung bedeutet ja nicht unbedingt, dass sie auch Steuern bezahlen müssen, sondern sie dient in erster Linie dem Amt dazu ihre Einkünfte zu sondieren und dann festzulegen ob und wie viel sie eventuell an Steuern zu bezahlen haben.

Wenn sie keine Steuern bezahlen oder eine Erklärung abzugeben brauchen, lassen sie sich dieses vom Amt bestätigen. Eine Befreiungszusage kann man vom Finanzamt erhalten, aber nur nach einer Prüfung und wenn man eben eine festgelegte Grenze der gesamten Bezüge nicht überschreitet. Es ist aber ratsam sich besonders nach einer Veränderung der Bezüge, sich auf´s Neue durch neue Nachfragen und eventuell wieder bestätigen zu lassen.

Besonders ärgerlich ist es aber wenn man schon länger Rente bezieht und bisher keine Erklärung abzugeben brauchte und auch keine Steuern zahlen musste. Aber dann nach einer eigentlich willkommenen kleinen Rentenerhöhung, dann doch noch eine Erklärung machen muss, weil die starre Grenze mit einem Male überschritten wird.

Oder man war schon länger mit seinen Bezügen bisher Steuerfrei und nun nach einer eigentlich erfreulichen Erhöhung muss man nun doch zahlen und man stellt unter Umständen dann sogar fest das man in Bar in der Restsumme vorher mehr hatte als nach der eigentlich erfreulichen Rentenerhöhung.

Man ist in jedem Falle verpflichtet sich selbst darüber zu informieren was und wie viel angerechnet wird und was oder ab welche Summe man um eine Steuererklärung nicht mehr umhinkommt und wann man überhaupt Steuerpflichtig ist oder wird, Unwissenheit schützt eben nicht vor der Steuer und eventueller Strafzahlung.

Den gleichen Effekt kann oder konnte man ja auch bei einer Lohnerhöhung erleben, wenn man durch die noch nicht einmal üppige Erhöhung bedingt in eine andere ungünstigere Lohnsteuergruppe rutsch.

Dann hatte der Lohnempfänger unter Umständen trotz einer Erhöhung weniger Geld in der Realität zur Verfügung als vor der Lohnerhöhung, das ist dann schon recht ärgerlich aber kaum abwendbar, aber im bescheidenen Rentendasein ist das dann doch auch noch recht schmerzlich.

Wie schon gesagt und beschrieben auch im Rentenalter muss man auf sein Geld gut achtgeben. Besonders auf das was man aktuell hat, aber auch die Herkunft in späten Jahren ist vielleicht noch viel wichtiger, denn im Alter gibt es nicht mehr so viele üppige und mögliche Quellen.

Denn eines ist ganz gewiss, dass ihnen gewiss von niemanden und nichts geschenkt wird, auch wenn man meint, sich das in seinem langen Arbeitsleben doch wohl verdient zu haben.

Ihre Rente ist eben auch eine stets sich wandelnde Angelegenheit die man immer, ganz besonders vor dem Renteneintritt, aber auch danach noch bei allen ihren Entschlüssen immer genau bedacht werden sollte.

Es zeigt sich eben, es ist eminent wichtig in jedem Lebensabschnitt und speziell im Alter die Zahlen im Auge zu behalten und auch immer wieder einmal durch und hoch zurechnen.

Man kann manchmal nur erstaunt konstatieren das gerade Leute die jahrelang hinter jedem Pfennig und Cent in ihrer Lohnabrechnung und bei den täglichen Einkäufen her waren, sich als Ruheständler dann als total Desinteressiert gegenüber ihren Finanzen zeigen, und alles ungefragt und weiter bedacht hinnehmen.

Da herrscht stellenweise ein unendliches Vertrauen gegenüber der Alter Versorgungsstelle, man nimmt es einfach wohl auch etwas erstaunt, aber ohne große Nachfrage hin, was ihnen von dort an Beträge mitgeteilt wird.

Dann werden zum Teil sogar die einfachsten Berechnungen und auch Fehler aus reiner Bequemlichkeit übersehen, oder die nötige Berichtigung auf Später verschoben und zu allem Unglück dann auch noch vergessen.

Weil man sich mit dem elenden Papierkram sich einfach nicht auskennt und der Meinung ist, die vom Amt werden es schon recht machen und mich nicht betrügen wollen.

Aber eine Benachrichtigung von ihrem Rentenamt sollte umgehend gründlich von ihnen geprüft werden und bei unklaren Angaben, die sie sich vielleicht einfach nicht selbst erklären können, da sollte man dann unbedingt bei dem Amt um eine Aufklärung bitten. Denn ohne eine begründete kritische Nachfrage bekommt man auch keine berichtigte Antwort, dann gilt eben, dass was auf dem Papier steht.

Vorzeitig in Rente ?

Ein überaus beliebtes Thema ist das vorzeitige in Renten gehen, so mancher Arbeitgeber bestärkt sogar seine Arbeitnehmer sogar noch in der Auffassung das dieses Angebot gut wäre, doch die Ernüchterung kommt verhältnismäßig dann doch ganz schnell und dann meist aber zu spät.

Wer wird auf den ersten Blick auch nur einen Moment zögern, man hat sich doch schon so lange darauf gefreut und auch ersehnt. Doch gerade hier ist aller höchste Vorsicht geboten, denn der Entschluss, wenn er einmal gefallen und aktenkundig ist, ist dann nicht mehr rückgängig zu machen.

Deshalb unbedingt auch von einer profunden neutralen Person das Angebot auf Herz und Nieren prüfen lassen, ob und welche zu bedenkenden Problemchen damit verbunden sein können, denn ganz ohne Grund und uneigennützig wird ihr Arbeitgeber ihnen nicht ein für sie verlockendes Angebot unterbreiten.

Denn wenn es für ihren Arbeitgeber sehr gut aussieht, muss das dann nicht unbedingt auch für sie sein, auch wenn es auf den ersten Blick so aussieht.

Aber diese Aussicht, endlich diesem lästigen täglichen Leistungsdruck zu entfliehen ist nun mal wirklich äußerst verlockend, aber mancher der darauf eingegangen ist würde nur zu gern diesen Entschluss später wieder rückgängig machen, was aber dann nicht mehr möglich ist.

Man bemerke, dass die in Sachen Rente einmal gemachte, auch vielleicht voreilig und nicht ganz durchdachte, nicht richtig gerechnete Entscheidungen sind nicht mehr umkehrbar.

Denn wenn sie nicht Nachfragen oder sogar Opponieren muss das Amt ja annehmen das alles in Ordnung ist. Nur ein kleiner Denkfehler, so resümiert man vielleicht noch im ersten Moment. Doch dann langfristig gesehen wird einem dann doch klar, dass man diesen vielen verlockenden Angeboten besser wiederstanden hätte.

Hier zahlt es sich wirklich aus, dass man solch gravierende Entscheidungen mit der nötigen Vorsicht und mit dem nötigen Bedacht getroffen hat, richtig und kritisch informieren ist hier oberstes Gebot.

In einer gewissen, auch verständlichen Euphorie, etwas früher die insgeheim schon lang angedachte Rentnerfreizeit genießen zu können, da muss man sich aber darüber auch klar sein das dann in jedem Fall einem auch anderweitig weniger Geld zur Verfügung stehen wird.

Denn allein das plötzliche wegfallen und der Verlust von Urlaub und Weihnachtsgeld, eventuelle Boni und sonstige Zahlungen wie eventuelle Fahrtkostenerstattung und so weiter, die im Arbeitsleben als ganz normal angesehen wurden und indirekt das Haushaltsbudget auch aufgebessert hat, kann das endgültige Wegfallen dann doch recht schmerzhaft sein.

Im monatlichen Einkommensbild waren diese Summen stets und auch jahrelang als selbstverständlich immer mit eingerechnet worden, diese Beträge werden aber mit dem Renteneintritt dann nicht mehr gezahlt.

Dafür bekommen sie ab dann mit ihrem Rentnerausweis belegt hier und da eine schwache und kaum gleichwertige Vergünstigung, die eigentlich dann keiner Erwähnung wert sind. Dieses gleicht aber noch nicht einmal in kleinster Prozentualer Aufrechnung den eventuell euphorisch freiwillig geleisteten Wertverlust aus.

Deshalb ist hier diese einige Seiten vorher beschriebene und auch vorgeschlagene grobe Überschlagsberechnung besonders wichtig und ratsam, besonders dann, wenn man vorzeitig in den Ruhestand gehen will oder sollte.

Auch wenn der Vorschlag und die Vorstellung noch so verlockend sich anhört die von ihrem Arbeitgeber angebotene vorzeitige Arbeitsvertrag Beendigung, selbst wenn es mit einer Abfindung versüßt werden soll, ist Vorsicht und Zurückhaltung angesagt.

Denn nicht jede verlockende Vergünstigung und Vergütung ist völlig Steuer und Abgaben befreit, hier kann man recht deutlich feststellen der Einzige der einen wirklichen Nutzen von dieser Aktion hat ist eben der, der diesen Vorschlag gemacht hat, also ihr Arbeitgeber.

Der sich die Belastung für einen vermeintlich überflüssigen Mitarbeiter spart, sondern auch noch dieses steuerlich für sich günstig umsetzen kann.

Was als eine Wohltat für sie deklariert und schmackhaft gemacht wurde und doch auch genau in ihre eigentlichen Zukunftswünsche zu passen scheint, ist aber genau besehen dann nur eine Wirtschaftliche für den Arbeitgeber und seiner Bilanz.

Denn diese Handhabung wird nur zu gerne auch bei dringlichen nötigen Firmensanierungen getätigt, bei der der Mitarbeiterstamm kräftig ausgedünnt werden kann und soll, ohne größere rechtliche Probleme mit dem Gesetzgeber aufzuwerfen.

Nochmals die Warnung, Achtung, den einmal gefassten Entschluss können sie, so gut wie nicht wieder Rückgängig machen, der sollte sehr genau überlegt und dann auch mit sehr spitzen Stift durchgerechnet sein, diese Warnung kann eigentlich gar nicht oft genug ausgesprochen werden.

Zu diesem Zeitpunkt sollte ein wirklich bereinigter und stabiler persönlicher Planungsentwurf bestehen, oder erstellt werden können, der in jedem Falle über viele Jahre Bestand haben kann ohne große Überraschungsmomente und Unabwägbarkeiten bei finanziellen Verpflichtungen. Denn ihre finanziellen Möglichkeiten werden sich in jedem Falle deutlich ausdünnen.

Die vorab grob aufgezeigte Berechnung der Zeit und der Rentenberechnung verschärft sich dann noch mal, wenn sie aus welchem Grund auch immer, früher in die Rente gehen, das können sie auch aus dem nachfolgende Berechnungsschema ersehen, dass durch ihre persönlichen Daten verfeinert sogar noch brisanter werden kann.

Wenn sie sich durch die momentan verlockende Abstandsumme oder Bonusbetrag blenden lassen, werden sie schnell feststellen, dass dieses Geschäft, dass sie nach dem bekannten Motto, ich habe keinen Bock mehr auf die Schei..maloche und die damit verbundenen Sachen, dann keine gute Entscheidung war.

Eine Ausnahme wäre es, wenn man diesen Betrag in die Altersgerechte Sanierung für das Eigenheim gebrauchen und dann auch hier investieren kann.

Denn sie sollten dabei auch beachten, dass sie für die vorzeitige Rente ja auch zeitlich weniger einzahlen, dass dann wiederum weniger angespartes Kapital plus Zinsen auf ihrem Rentenkonto dann verzeichnen kann. Was aber logischer Weise auch besagt, wo weniger einbezahlt wurde kann ja auch nur wesentlich weniger herauskommen.

Sehr wichtig ist in einer solchen Situation sich über die diversen Fallstricke gründlich und mit ein wenig gesunden Argwohn schlau zu machen, denn es können auch beachtliche steuerliche Aspekte im Nachhinein auf sie zukommen.

Denn ganz selten geht die Zahlung einer Prämie, wie sie auch immer bezeichnet wurde, steuerfrei über die Bühne gehen, also ist es ratsam zu wissen wie letztendlich der Nettobetrag am Ende aussieht.

Aber dieses und die Höhe der Steuer erfahren sie erst genau nach dem Eintritt in die vorgezogene Rente, wenn sie sich nicht vorher gründlich beraten lassen und schlau gemacht haben.

Auch eine gewisse Anrechnung, sprich ein Abzug bei der späteren Rente je nach Höhe der Prämie ist eventuell eben auch möglich. Also ist es somit unerlässlich sich mit dem gesamten Geschehen vor und nach dem entsprechenden Termin sich gründlich schlau zumachen, bedenken sie in jedem Falle es dreht sich einzig um ihr Geld.

Auch wenn die eventuell genannte Summe für sie einfach zu verlockend erscheint. Der wichtigste Aspekt ist die Frage der eventuellen direkten Besteuerung des Betrages, oder auch der späteren Verrechnung in der Rentenzeit, das sind Positionen die unbedingt abgeklärt sei sollten.

Wie einige Male schon deutlich gemacht und erwähnt wurde, es dreht sich einzig und alleine um ihre finanzielle Situation aus verflossenen Zeiten. Aber auch, was fast noch viel wichtiger ist um ihre zukünftige Altersruhezeit, denn auch im hohen Altersbereich ist rechnen und kotrollieren oberstes Gebot.

Es geht nicht anders, jetzt wird gerechnet.

Wenn sie also vorzeitig in Rente gehen wollen oder müssen dann gibt es im Normalfall für jeden Monat den man früher geht einen monatlichen Abzug von zurzeit 0,3 %, also im Jahr 3,6 % dann in Kauf nehmen.

Mit der Höchstgrenze von 18 % also für eine fünfjährige, oder für das dreijährige vorher Ausscheiden eben 10,8 % einen Abzug ihrer Berechnungszeit und Summe, da sie ja für diese Zeit ja auch keine Einzahlungen und auch Zinsen mehr berechnet bekommen.

Wie sie sehen, selbst bei nur drei Jahren schlägt das aber auch schon mit rund Zehnkomma acht Prozent monatlichen Abzug zu Buche und das alles von ihrer Bruttorente und das nur für das im Moment schöngedachte verlockende vorzeitige Ausscheiden aus dem Arbeitsleben, bei zum Beispiel zwei Tausend Euro normaler Altersrente gehen dann für alle Zeiten über zwei hundert Euro ab.

Nicht zu vergessen von dieser dann errechneten Summe gehen dann wie in der vorherigen Musterrechnung erklärt dann noch mal über achtzehn Prozent für die Sozialabzüge ab. Sie haben richtig gelesen, auch bei der Rente bleiben ihnen die seit ewigen Zeiten bekannten Begriffe wie Brutto und Netto erhalten, denn die eventuellen Steuern, anfallenden Sozialabzügen, Krankenkassen Beiträge und Pflegeversicherungssumme werden ihnen jeweils auch als Rentner abgezogen.

Also bei nur drei Jahren früher gehen, gehen dann gesamt gesehen mehr als achtundzwanzig Prozent ab, somit mehr als ein Viertel.

Also fast sogar ein Drittel ihrer eigentlichen sowieso nur 48 %Rente, die sie mit 65 plus Ausgleichszeit eigentlich erhalten würden, für immer verloren.

Für etwas mehr als dreißig Monate frühere Freizeit, zahlen sie eine an Jahren fast gleiche Anzahl, monatlich einen beachtlichen Betrag von ihrem so mühsam erworbenen Rentenanspruch. Sie erkaufen sich praktisch hiermit sehr teuer eine doch verhältnismäßig überschaubare freie Zeit.

Eine Arbeitsfreie Zeit muss man sich aber auch auf Dauer leisten können, denn das Freizeit richtig Geld kosten kann, hat man genau genommen ja wohl zum eigenen Leidwesen schon einige Male erleben dürfen.

Ebenfalls gilt diese Handhabung teilweise auch in anderen Versionen und Auslegungen auch bei verschiedenen anders gearteten Renten oder Altersversorgungen. Da sie ja durch verfrühtes Ausscheiden ja auch in dieser Zeit weniger ihres Zielbeitrages einzahlen und sich dadurch ihre Zielhochrechnung auch negativ verändert und verringert.

Wenn sie die jeweilige Verlustsumme einmal in der vorgezogenen Zeit hochrechnen, also bei fünf Jahren, das sind ja immerhin 60 Monate da kommt optisch schon eine beachtliche Summe zusammen.

Die in der Hochrechnung dann in ihrer eigentlichen späteren Rentensumme fehlen, dadurch sich wiederum nachhaltig negativ auf Dauer bemerkbar macht. Das hört sich im ersten Moment in einer gewissen Euphorie und Hochstimmung vielleicht nicht besonders viel an.

Aber in direkten Zahlen sieht das dann doch recht ernüchternd aus und das ändert sich auf keinen Fall dann nie mehr. Dieser Abzug ist nicht nur kurzfristig und vorübergehend, sondern in ihrer gesamten späteren Rentenzeit beständig, das kann schon gewaltig zu Buche schlagen.

Ein Vorabzug von 18 % bei einem fünfjährigen vorzeitigen Rentenbeginn und vom Restbetrag dann die zurzeit gültigen Sozialabzüge von über 18,4 % beziffern sich zusammen dann immerhin auf über runde 36,4 % gesamt von ihrem zu erwartenden eigentlichen Bruttobetrag der Rente bei einer fünfjährig vorzeitigen Verrentung.

Maximal also über 36,4 % bei fünf oder 28,8 % Zurzeit bei drei Jahren von ihrer ihnen eigentlich zustehenden Rente freizügig und freiwillig für den Rest ihrer Tage abzugeben ist schon ein gewaltiger Aderlass den man sich vorher ganz genau überlegen sollte.

Und dass nur, um fünf oder drei Jahre früher in Rente gegangen zu sein, um eine freie Zeit zu genießen die man sich dann vielleicht überhaupt nicht mehr leisten kann, denn sie wissen ja freie Zeit kostet eben auch nicht wenig.

Diese Prozent Zahlen können sich auch jeder Zeit noch weiter ändern, aber wohl kaum in eine für sie positive Richtung. Ob sich das wirklich lohnt oder rechnet muss jeder mit sich selbst ausmachen, denn dafür kann man niemanden schuldig machen, außer sich selbst.

Wenn man verhältnismäßig gesund ist, gibt es eigentlich gar keinen zwingenden Grund so eine finanzielle Dummheit zu begehen. Auch wenn das Angebot sich im Moment noch so verlockend anhören mag, im Endeffekt zahlen nur sie für eine Erleichterung die aber ganz genau genommen nur ihr Arbeitgeber hat.

Das sollte alles unbedingt bedacht werden, bevor man diesen nicht wieder rückgängig zumachenden Schritt macht. Bedenken sie unbedingt dabei, einmal gemacht, für alle Zeiten gemacht! Sie wollen doch gewiss nicht im schlimmsten Falle Leergut sammeln, nur weil man nicht richtig nachgedacht und gerechnet hat.

Auch wenn einem das Firmenklima oder andere unangenehme Dinge im Arbeitsalltag noch so an den Nerven nagt, sollte man überlegen ob es sich lohnt und rechnet das man sich doch verhältnismäßig sehr teuer davon freikauft, um diesen Drangsalen vorzeitig zu entgehen.

Von sorgenfreier Zeit zu Träumen ist zugegeben schön aber die Realität holt einen dann schon ganz schnell wieder auf den Boden der Tatsachen zurück. Auch wenn es noch so verlockend sich anhört früher in Rente zugehen.

Hier sollte man die Vernunft walten lassen. Denn die dann fällige Abzugsberechnungssumme kann schon ganz schön, wie vorab grob aufgezeichnet wurde, gewaltig negativ ins Konto schlagen.

Zudem sollte man auch bedenken, dass das Leben auch im Alter nicht günstiger wird, sondern dass die Lebenshaltungskosten stetig ansteigen, meistens schneller als eine vielleicht groß angekündigte und nie ausreichende Rentenerhöhung.

Grundsätzlich werden sie unter normalen Voraussetzungen und normaler Versicherungslaufzeit, wenn es günstig verläuft gerade mal knapp die Hälfte ihrer Bezüge, ihres bisherigen Lohnes dann als ihre wohlverdiente Rente erhalten.

Und von dieser schon stark verringerten Summe zum früheren Verdienst, also knapp die Hälfte, wollen sie auch noch freiwillig auf einen nicht zu verachtenden Teil verzichten? Und dass nur um eine schöne gedankliche Vorstellung zu realisieren, die sich dann aber vielleicht gar nicht mehr finanzieren lässt.

Wenn ihnen von ihrem Arbeitgeber ein Angebot unterbreitet wird und die vorzeitige Verrentung mit ihrem vorzeitigen Austritt aus der Firma mit einer Prämie schmackhaft machen will, dann sollte man nicht gleich Euphorisch darauf eingehen.

Denn es lohnt sich für sie nicht unbedingt, denn den Nutzen dieser Aktion wird in jedem Falle in erster Linie ihr so Gönnerhaft auftretender Arbeitgeber haben.

Denn auch dann tritt die vorab und nachfolgend aufgezeigte Rentenverringerung in gleicher Größenordnung in Kraft, außerdem kann im schlechtesten Fall auch noch die Summe steuerlich Relevant werden.

Warum werden von einigen Firmen immer wieder diese Angebote gemacht, die Erklärung ist eigentlich ganz einfach, die Firma entledigt sich damit meist von langjährigen Mitarbeitern für die sie ja eine gewisse Sorgfaltspflicht haben auf die für sie günstigste Art.

Denn das frühere Ausscheiden geschieht ja auf ihren eigenen persönlichen Wunsch mit einer Abfindung ohne dann später irgendwelche Ansprüche zu haben.

Aber es gibt da auch eine andere Möglichkeit sogar die bescheidene eigentliche Rente aufzubessern, in dem sie länger als ihre normale Zeit arbeiten. Denn für jeden Monat länger Dienen gibt es eine Beachtens werte Gutschrift von 0,5 %, bei nur einem Jahr sind das immerhin sechs Prozent.

Das hört sich im ersten Moment ja nicht so viel an, aber nach zwei, drei Jahren summiert es sich ganz schön, denn es ist monatlich 0,2% mehr als sie an Abzug bei einem vorzeitigen Renteneintritt hätten.

Wenn man eine übliche normale Rentenerhöhung die aber nicht Turnusmäßig jährlich erfolgt von zwei oder drei Prozent bedenkt, dann hat man eine Rentenerhöhung von einigen Jahren innerhalb von einem Jahr schon erreicht.

Es wäre also auch gleich zusetzen mit einer erfreulichen jährlichen Rentenerhöhung von jeweils zwei Prozenten, sie würden also für ein Jahr länger arbeiten dann die Rentenerhöhungen für sage und schreibe von insgesamt immerhin runde drei Jahren vorab erhalten.

Hier könnte man die vorher erklärte Rentenkürzung durch Abzug bei einer Frühverrentung einmal entgegengesetzt berechnen. Denn in der sogenannten daumennorm Berechnung wäre der Zugewinn dann bei vier Jahren weiterarbeiten immerhin rund ein Viertel mehr von der normalen Rente nach der gesetzlich vorgegebenen Zeit, es stellt sich dann als ein deutlich positiver Zugewinn heraus.

Dieses wäre auch eine machbare Möglichkeit seine in den zurück liegenden Zeiten entstandenen Lücken zu schließen und seinen Rentenspiegel wesentlich zu verbessern.

Wenn die Gesundheit mit macht sollte man sich diese Option auch mal durch den Kopf gehen lassen, denn rechnerisch lohnt es sich in jedem Falle.

Diese Aufrechnung wirkt sich sogar noch günstig für sie aus, wenn sie einen etwas geringer bezahlten und vielleicht ruhigeren Posten für ein oder auch mehr Jahre bekleiden. Aber richtige Information zur richtigen Zeit ist da auch oberstes Gebot.

Soll und Haben Ihrer Rente, grob in Zahlen gesehen!

In reinen Zahlen sieht das in einem groben Beispiel bei einer Vorzeitigen Rente in etwa so aus, wenn man Beispielsweise früher rund über 2600,- € verdient hat, kommen nicht ganz so um 1400,- € Bruttorente heraus. Von denen sie dann aber nur noch 1148,- € bekommen, eben abzüglich der bis Dato achtzehn Prozent für das 3 Jahre vorzeitige in Rente gehen, weniger erhalten.

Das würde sich vielleicht ja noch verkraften lassen doch sie müssen heute ja auch noch prozentual ihren Anteil in fast gleicher Größe an Sozialabzüge bedenken.

Von diesen 1148,-€ gingen Anfang 2000 dann auch noch zur damaligen Zeit, nur fast ein 11 % Sozialabzug von rund 124,- € für den fälligen Krankassenanteil und ihrer Pflegeversicherung ab. Dann verblieben ihnen damals nur noch 1022,- €, von 1400,-€ immerhin ein Minus damals von insgesamt über 378,- € monatlich.

Doch das stimmt heute auch schon nicht mehr. Denn heute nach nun mehr 15 Jahren hat sich dieser damalige soziale Abzugsbetrag stark verändert, nämlich auf 14,9 % persönlichen Krankenkassenanteil, plus 0,9 % regionalen Zusatzaufschlag. Dazu kommen an Abzug dann noch die 2,35 % Pflegeversicherung, insgesamt also auf die Zurzeit gültigen 18,15 % Sozialabzüge von ihrer Brutto Rentensumme.

Um bei dem vorab gegebenen Beispiel von 1400,- € zubleiben würde zwischenzeitlich in den 15 Jahren dieser Rentenbetrag Stück weise durch mehrfache „erfreuliche„ Rentenerhöhungen zwar von insgesamt rund 11,9 % durch rund 160,- € auf stolze 1560,-€ angestiegen sein.

Aber allein der ständige Aufwand zur Kranken und Pflegeversicherung würde in der gleichen Zeit eine Überschlagsumme von runde 284,23.€ ausmachen. Rechnerisch also 124,-€ Rente im Wert weniger als vor den Rentenerhöhungen. In der Endsumme würde sich dann doch nur eine tatsächliche monatliche Rente von nur noch rund 1275,70 € ergeben.

Wenn sie aber dann heute noch rund fünf Jahre früher in Rente gehen wollen, wäre diese Rechnung heute dann so ein Abzug von 18 % vom 1560,- Grundbetrag fällig, gesamt sind das immerhin rund 280,- €.

Es verbleiben nur noch etwa 1280,- davon würden aber auch noch die Sozialabzüge von 18,15% zurzeit immerhin rund 230,- € abgehen und somit verbleibt dann nur noch einen Betrag von rund 1050,- €. Am Ende würden sie auf runde 500,- € knapp ein Drittel ihrer eigentlichen Rente verzichten.

Das bedeutet, dass ihnen von 1560,-€ bei einer normal Verrentung 1275,70 € verbleiben, aber bei vorzeitiger Rente, maximal fünf Jahre früher nur noch 1050,- € monatliche Rente ergeben. Und dass für alle Zeiten ihrer eigentlich wohlverdienten Rentner und Arbeitsruhezeit.

Wenn sie aber diese doch so verlockende Ablösesumme selbst von 40 000,- € annehmen und diese Summe dann mit dem eigentlichen Rentenverlust von rund 500,- € verrechnen, dann ist dieser Betrag schon nach knapp sieben Jahren verbraucht, aber ihre Minderberechnung der Rente geht ja noch viele Jahre weiter.

Das ist hier nur eine optische grobe oberflächliche Überschlagsberechnung eine fiktive Beispielrechnung, wenn man genau mathematisch diese Aufgabe durchrechnet kommen sogar noch deutlich unangenehmere Summen heraus, denn in jedem einzelnen Fall gibt es ja auch noch Varianten, die sich aber nicht unbedingt positiv für sie heraus stellen würden.

Wenn sie nun bedenken das ihre Frau von dieser Rente nur einen Teil in Prozenten später an Witwenrente bekommt, sollte sie nun auch noch nur eine geringe eigene Rente bekommen, dann wissen sie schon im Voraus das da eine sehr schlechte Altersversorgung für ihre Frau zu verzeichnen ist.

Es könnte sich wohl lohnen in solchen Fällen die Beratungsgebühr bei einem wirtschaftlich und Familienrecht versierten Anwalt zurate zu ziehen.

Bei so geschmälerten Bezügen werden dann die über Jahre sich geleisteten Ausgaben wie Vereinsbeiträge, Abo von Zeitschriften oder Handy, Radio/ Fernsehen und der Gleichen mehr zu einer großen Belastung, die vielleicht dann auch ernsthaft überdacht werden müssen.

Aber es ist trotz Allem eine doch recht realistische Beispielberechnung um ihnen vor Augen zu führen was man mit einem so verlockenden Angebot anrichten kann, wenn man nicht kritisch genug rechnet und prüft.

Es zeigt sich was man mit seiner Frühverrentung aus seinen Altersbezügen, für die man ja weit über vierzig Jahre hart gearbeitet hat, durch falsche Euphorie machen kann. Als Arbeitsnehmer kommen sie ja Turnusmäßig in den Genuss einer Lohnerhöhung oder Anpassung wobei ja auch ihr prozentualer Rentenbeitrag steigt.

Dieser Anstieg bei ihren momentanen Bezügen als Arbeitnehmer von 3, 4, oder 5 % ist dann in der Summe aber wesentlich effektiver als eine von der Regierung mit blumigen Worten umschriebenen späteren Rentenerhöhung von vielleicht gerade mal 2 oder maximal 3 %.

Denn als Rente bekommen sie ja fast nur die Hälfte vom früheren Lohn und dann noch in etwa nur die Hälfte der Prozente einer Lohnerhöhung, das ist dann in der Summe kein besonders erfreuliches Ereignis.

Wie sie sehen ist das Leben, besonders in der zweiten Hälfte ihres Lebens genau genommen eine einzige immer fortwährende Rechenaufgabe die sie nie vernachlässigen sollten und man sollte sich selbst stets auf den aktuellen Stand der Dinge zu bringen.

Diese hier leicht schematisch aufgezeigte Berechnung sollte ihnen eine Warnung sein, denn viel besser wird auch eine zeitnahe Aufrechnung von einem Fachmann nicht werden.

Bei einer normalen Betrachtung erscheint es einem manches Mal schon etwas paradox, auf der einen Seite feilschen Leute um jeden Cent fast wie auf einem orientalischen Basar.

Und hier würde man leichtsinnig und unbedacht viel Geld für alle Zeiten regelrecht verschenken. Nur um dem mittlerweile ungeliebten Arbeitsplatz vor zeitig Ade sagen zu können, oder weil der Unternehmer ihnen den früheren Firmenaustritt durch eine Prämie schmackhaft machen will.

Das Gegenteil stellt sich zurzeit aber so dar, das wenn man seine volle Zeit bis zur Rente arbeitet und gesundheitlich noch fit genug ist. Kann man mit jedem Jahr das man darüber hinaus weiterhin tätig ist eine Rentenmehrleistung von 0,5 % monatlich erzielen.

Würde heißen um bei dem angeführten Beispiel zubleiben, immerhin einen Mehrbetrag von über siebzig Euro monatlich ausmachen.

Siebzig Euro hört sich nicht so viel an, aber wenn sie bei jedem Cent überlegen müssen ob man sich das eine oder andere auch erlauben kann. So gesehen sind dann diese siebzig Euro monatlich schon fast eine echte Offenbarung, immerhin sind das im Jahr 840,- Euro, das könnte ja auch schon ein Urlaub sein.

Logischer Weise werden sie diese Tragweite dieser Fakten im Moment vielleicht als nicht so wichtig erachten, da sie ja im Moment noch über ein volles Lohnkonto verfügen.

Darum ist es sehr wichtig, dass sie sich diese ihre zukünftige Zeit jetzt einmal realistisch und kritisch vor Augen führen und auch ihre späteren Aktivitäten dabei nicht vergessen. Wenn sie diesen hier nur modellhaft aufgezeigten Hochrechnungen und den Zukunft Hinweisen selbst einmal einen gewissen Nachdruck verleihen wollen.

Dann sollten sie mal ganz mutig sein, dann versuchen sie doch mal einen Monat lang nur mit dem Budget ihrer zu erwartenden späteren Rente, also gerade mal die Hälfte von Heute zurechtzukommen. Ich kann ihnen versprechen, sie werden sich mehr als wundern wie schwer sich dieses umsetzen lässt.

Denn die heutigen festen Kosten werden bestimmt nicht weniger, sondern, alleine schon durch ständige Verteuerung eher mehr. Spätestens dann würden sie merken, dass sie auf einiges gewohntes verzichten müssen, was sie bisher als ganz normal angesehen haben. Doch richtig gesehen werden die Beträge schon durch die zeitlichen Unterschiede später dann sogar noch anders, bestimmt aber nicht positiver aussehen.

Die Absicht etwas länger tätig zu sein, sollten sie im Zeitbereich, wo eigentlich ihr Rentenantrag erstellt wird, mit dem Rententräger und mit ihrem Arbeitgeber schon vorher besprechen und bekannt machen. Denn von alleine tut sich in keiner Richtung etwas und man verliert auch die Möglichkeit seine Angelegenheiten selbst rechtzeitig zu regeln.

Denn wenn der gesetzlich festgelegte Vorgang einmal in voller Bewegung ist, kann man ihn nicht so ohne weiteres wieder bremsen und anders gestalten.

Sehr wichtig ist es wie sie sehen, dass sie rechtzeitig sich um ihre Angelegenheiten selbst kümmern und zeitlich dann richtig abgestimmt handeln. Doch richtig handeln bedeutet eben auch dass man sich auch sehr frühzeitig mit dem Thema immer wieder mal intensiv mit spitzem Bleistift befasst. Wie sie ersehen können man kann gar nicht oft genug ermahnen das man sich um seine Geldangelegenheiten recht früh, also vorzeitig kümmert und auch dafür immer einen kleinen Obolus abzweigt.

Zusatzrenten oder andere zusätzliche Einkommen, auch so genannte Abfindungen, Ablösungssummen und dergleichen werden vom Fiskus bei einer Berechnung der Rente und eventuell auch den Sozialabzügen mit einbezogen und bedacht.

Spätestens wenn sie in die steuerlichen Bereiche mit ihren gesamten Bezügen sich bewegen, sieht die Endsumme noch einmal anders aus. Eventuell wird auch gegen einander auf und gegen gerechnet, zudem sind diese Zahlungen nicht zwangsläufig auch von einer Steuer befreit. Es gibt eine Vielzahl von Renten und sonstigen Einkünften die unterschiedlich zur Berechnung und eventuellen Besteuerung herangezogen werden können.

Sich hierüber vorab schlau machen ist oberstes Gebot, Unwissenheit schützt nicht vor erheblichen Schaden, wenn einem das zu kompliziert und schwierig ist sollte man sich bei einer angebotenen Beratung der Rentenanstalt eine Aufklärungshilfe holen. Bei einem versierten ausgewiesenen Berater, oder auch steuerrechtlichen Fachmann sollte man konsultieren, wobei ein Versicherungsberater nicht unbedingt die erste Wahl darstellt.

Wie es sich ganz deutlich zeigt, hier ist Nachlässigkeit oder Euphorie total fehl am Platz und es ist auch unbedingt äußerste Zurückhaltung angesagt, denn so mancher hat sich durch die Abfindungssumme blenden lassen und die negative Überraschung war am Ende dann gewaltig.

Da bei diesen Beispiel Angaben nur ein normaler Mittelwert bedacht werden kann, sollten sie besonders kritisch eventuelle schwankende und anders bezeichnete Fakten von ihnen bedacht werden.

Immer wieder kann man hören, hätte ich das vorher gewusst, dann hätte ich das ganz gewiss nicht so gemacht, da wäre ich dann doch noch die restliche Zeit anstatt Rentner zu werden lieber Arbeitnehmer geblieben.

Doch die Entscheidungen wie Ihre Rentenzeit einmal aussieht liegt einzig und alleine schon frühzeitig ganz in ihrer eigenen Hand. Der Autor dieser Zeilen möchte sie gewiss nicht unnötig erschrecken und von ihrer wohlverdienten Rentenzeit abhalten oder diese gar mies machen, aber man lebt doch wesentlich ruhiger, wenn schon vom Anfang an weiß was auf einen zu kommt.

Sondern dazu ermuntern auch wenn es etwas mühsam ist, sich wirklich früh genug und mit Bedacht sich diesem ernsthaften Thema auch ernsthaft zu widmen. Und zwar bevor es richtig Ernst mit diesem Thema wird und eventuell dann auch noch die Zeit knapp wird und drängt, was ja auch allgemein bekannt ist, immer auf später verschoben ist dann auch dann mal wirklich zu spät.

Sollte ihnen dann diese in jedem Falle mit einem spitzem Bleistift zu machender Aufrechnung zu kompliziert oder unverständlich erscheinen und vielleicht auch sein mag.

Es lohnt sich dann in jedem Falle sich vorzeitig von einem Fachmann auf diesem Gebiet beraten zulassen, wobei ich aber einen Versicherungsfachmann ausschließen möchte, da dieser ja etwas verkaufen will was ja auch Sinn seines Geschäftes ist.

Lassen sie sich von einer kompetenten Person, einem Rechtsanwalt oder Steuerberater der auf der Wirtschaft und Renten Gebiet bewandert ist, sich genauestens beraten auch wenn eine geringe Beratungsgebühr fällig wird. Um dann ihre Euphorie und Freude einer vorgezogenen frühen Rentenzeit die man sich stellenweise auch in den rosigsten Farben vorgestellt hat, besser und richtig beurteilen zu können.

Vielleicht dann aber auch den Gedanken eine vorzeitige Rente in Anspruch zu nehmen, doch lieber so weit wie möglich noch vor sich herschieben um einen sonst doch absehbaren Schaden zu vermeiden.

Die Rechtsberatung ist in jedem Fall sehr ratsam, weil das Rentenrecht in der Verbindung mit Finanzamt und das allgemeine Versicherungsrecht in einer Kumulation doch recht und äußerst kompliziert sein kann.

Da kann man sehr schnell die Übersicht verlieren, grundsätzlich heißt der unerschütterliche Grundsatz geschenkt wird ihnen nirgendwo etwas.

Besonders wenn man nur ein so genannter einfacher Arbeiter war und diese Angelegenheit für einen nicht als alltäglich und ganz normal ansieht.

Denn es sind sehr viele Dinge zu beachten denen man erst keinen großen Wert zu misst, die aber unerwartet einen beachtlichen großen Stellenwert haben können. Es kommen da, durch eine gewisse Euphorie ganz schnell gewisse Trittfallen auf, die man am Anfang noch gar nicht erkennen und ahnen konnte.

Besonders wenn verschiedene Renten wie Betriebs, eine Verrentung einer Versicherung, eine Witwenrente, Mieteinnahmen oder die Rente vom Ehepartner oder auch diverse andere Geldquellen wie als Rente zu sehende Lebensversicherungen zusammenkommen.

Die sehr vielen doch recht verschiedenen Rentenarten sollte man dabei besonders beachten, da jede für sich ihre eigenen Bedingungen und maßgeblichen Eigenheiten hat. Da gibt es keine Vereinheitlichung. Hierbei sind Fallstricke schon fast vorprogrammiert, ohne kenntnisreichen rechtlichen Beistand ist da ein vielleicht teurer Fehler kaum zu vermeiden.

Wenn sie mit Mitte ihrer Fünfziger die erste Rentenübersicht, die erste Hochrechnung bei ihnen eintrifft, spätestens dann sollten sich sehr ernsthaft mit den Angaben und Daten befassen und auf ihre Richtigkeit überprüfen, hier trifft dann der sehr alte Spruch recht schmerzhaft zu, dass Unwissenheit nicht vor Schaden schützt.

Besonders wenn sie in ihrem Arbeitsleben zwischen den vielen verschiedenen Versicherungsformen ein paarmal gewechselt haben. Dann sollte man besonders genau hinsehen und auch bei kleinen Unklarheiten oder Unverständlichkeiten eine entsprechende Nachfrage an den früheren Versicherer nicht scheuen.

Zu diesem Zeitpunkt ist eben recht besonnenes prüfen und vielleicht auch Handeln angesagt. Dieses sichtlich heiße Thema verträgt ab diesem besagten Zeitpunkt keinerlei Nachlässigkeiten und auch ein verschieben auf Später gewiss nicht mehr.

Bedenken sie auch beim Rententhema stets, dass einmal gefällte Entscheidungen nicht mehr, oder nur sehr schwer Rückgängig gemacht werden können. Für die letztendliche gültige Prüfung aller Fakten und Unterlagen sind sie allein zuständig, denn das übernimmt niemand für sie.

Eigentum, als Altersvorsorge.

Dieser Gedanke ist neben dem Vorsorgeansparen der wohl wichtigste Punkt, wobei beide Positionen auch miteinander sich vereinbaren lassen, denn das für später gedachte Guthaben lässt hier sinnvoll und kosten sparend sehr gut einsetzen.

Wenn man es fertig bringt sich ein Eigentum schon während seiner Schaffenszeit anzuschaffen, hat man schon einen sehr wichtigen Baustein seiner späteren Rentnerzeit verwirklicht.

Wer in den aktiven Arbeitsjahren, oder auch etwas später eine Wohnung oder Haus erwerben möchte, sollte seine Planung und Finanzierung aber so auslegen das er spätestens zum Renteneintritt keine Finanzierung mehr bedienen muss, oder aber schon den größten Teil seiner Finanzierung erledigt hat.

Auch ist es also kein Fehler, wenn man die Immobilie auch mal unter dem Aspekt der späteren Rentenzeit betrachtet. Ist das Objekt Aus oder Umbaufähig oder vielleicht auch ein Renditeobjekt daraus ohne übergroßen Aufwand zumachen.

Was müsste man investieren um aus einem geräumigen Einfamilienhaus irgendwann vielleicht ein Zweifamilienhaus zumachen, in dieser Richtung schon von Anbeginn, bei der Erstplanung auch ein Auge darauf zu haben, wäre unter Umständen ein wichtiger und richtiger Aspekt.

Denn dann wäre es vielleicht nicht nötig das liebgewordene, im Alter aber zu Große gewordene Haus zu verkaufen um in einer kleineren Einheit dann zu leben.

Doch sehr wichtig wäre es das der Erwerb der Immobilie erledigt ist und vielleicht schon vollkommen Schuldenfrei ist und vielleicht auch eine kleine Reserve für etwaige Reparaturen noch gebildet werden konnte. Die Rücklagen sollten aber nicht zu üppig sein denn es gibt auch eine gewisse Begrenzung der Mittel die hierfür in der anfänglichen Rentenzeit anerkannt werden.

Was darüber ist unterliegt eventuell wiederum einer Gegenberechnung oder auch bei einer Besteuerung, die entsprechenden Vorgaben und Verordnungen sollte man sich vorzeitig genau ansehen.

Denn größere Guthaben im Rentenalter bedingen fast stets eine Versteuerung des Rentenbezuges, allein schon durch die dann gewährte Verzinsung. Da größere Rücklagen bei dem Renteneintritt eben mit veranschlagt werden können, sollte man die auf Später gedachte größere Modernisierung, Sanierungen oder Umbau vielleicht doch rechtzeitig schon vorher tätigen. So dass die dabei dann bereits aufgewendeten und geleisteten Beträge nicht mehr in die aktuellen Berechnungen oder Besteuerung für ihre Rente einfließen können.

Vielleicht lässt sich dieser besondere Aufwand vor dem Rentenbeginn auch noch steuerlich besser verarbeiten, was im späteren aktiven Rentnerdasein nicht unbedingt machbar sein wird. Besonders zu bedenken ist auch das im näheren Dunstkreis des Rentenalters nur schwerlich eine Finanzierung für nötige Umbauten oder auch nötige Reparaturen noch zubekommen ist. Auch wenn die dann nötigen Sicherheitsleistungen sich beachtlich hochschrauben können.

Denn es ist auch zu beachten, die Banken schätzen ihre Lebenserwartung ab einem gewissen Alter, wenn sie schon recht nahe am Rentenalter oder sogar schon darüber sind, als nicht besonders hoch ein, auch wenn sie noch so Vital im Moment erscheinen mögen.

Es ist eigentlich auch zu verstehen, wenn jemand mit rund sechzig Jahren einen Kredit von einigen Tausend Euro mit einer Laufzeit von Zehn oder Zwanzig Jahren wünscht.

Dem Wunsch würde kein normal denkender Mensch ohne erhöhte Absicherung, wenn überhaupt nachkommen, auch hier heißt es doch, sich etwas früher um solche wichtigen Vorhaben sich zu kümmern.

Sollte bei der Finanzierung vom Haus oder der Wohnung noch eine offene Restsumme bestehen, dann ist es auch ratsam den finanziellen Rahmen schon recht vorzeitig der kommenden Rentenzeit und dem dann möglichen Finanzrahmen durch Umgestaltung, mit einer so genannten Umschuldung frühzeitig anzupassen.

Denn ob sie als Rentner noch ihre vor Jahren abgeschlossene Finanzierung aufrecht erhalten können sollten sie ohne jeden Zweifel positiv beantworten können. Sonst kann es unter Umständen zu einem unnötigen Engpass kommen, der im Nachhinein nur sehr schwer zu beheben und zu ändern ist.

Denn die Banken rechnen bei Kredit Angelegenheiten in ihren Hochrechnungen im Durchschnitt nur bis zu ihrem 75. Lebensjahr, dann spätestens sollte ihr Kredit abgedient und erledigt sein.

Das bedeutet auch, das je später sie sich für eine größere finanzielle Aktionen wie Kauf oder Umbaukosten entscheiden die Jahre bis zu diesem Alter von 75 Jahren die monatlichen Aufwendungen in die Höhe treiben können, je geringer die Spanne der Jahre ist.

Wie sie sehen, dass das bisher Erreichte nicht unbedingt ein bedingungsloses Ruhekissen darstellt, vor allem wenn noch eine ungeklärte Unwegsamkeit sich darunter befinden. Man sollte eben in regelmäßigen Zeitabständen seinen finanziellen heutigen Stand und seinen Horizont ernsthaft betrachten und berechnen.

Das kann dann manche sonst mögliche Problematik vermeiden und lässt einen dann wesentlich ruhiger dem Morgen entgegensehen. Denn auch eine größere Sanierung und die altersgerechte Umgestaltung sollten eigentlich mit dem Renteneintritt schon Zeitnah angestrebt oder noch besser getätigt und erledigt sein.

Oder auch vorzeitig nach entsprechenden Alternativen Ausschau zu halten, wie eine kleinere Wohneinheit oder aber auch die diversen Angebote eines betreuten Wohnen in Betracht ziehen, vielleicht brauchen sie auch eine kleine abgeschlossene Wohneinheit für eine Pflegeperson.

Für diese doch auch arbeitsintensive Angelegenheit einer altersgerechten Sanierung hätte man im Rentendasein eigentlich vielleicht die nötige Zeit, aber vielleicht auch nicht mehr die erforderliche Energie. Noch mal ein wichtiger Fakt sollte in ihren Gedanken eine besonders große Rolle ohne eine schön gedachte Version spielen.

Ist das liebgewordene Haus oder die Wohnung und das Gelände drum herum auch später noch Altersgerecht? Braucht man dann noch die üppigen Quadratmeter der Wohnung und wohlmöglich noch den schönen großen Garten, wer pflegt denn dann diese schöne Immobilie und was kostet die Pflege, das kann dann schon eine nicht zu vernachlässigende schwere Belastung werden.

Denn wenn man mit einer realistischen Bewertung seiner Lebensumstände in dieser Richtung zu spät beginnt ist es besonders schwer, den seit Jahren gewohnten Raum und Rahmen dann aufzugeben und sich in einem kleineren Rahmen einzuleben.

Doch manchmal lässt sich dieses nicht vermeiden, denn die Gesundheit in ein paar Jahren kann keiner Vorhersagen und wenn es dann ganz plötzlich hochaktuell wird kann das schon mit diversen Problemen behaftet sein.

So schön die große Wohnung oder das Haus als die Kinder noch mit im Haus wohnten auch war, so belastend kann es dann aber auch sein. Wenn sie dann zu zweit oder sogar alleine das lieb gewordene Objekt aus lauter Gewohnheit weiterhin bewohnen wollen, vielleicht sogar müssen, weil ein räumlicher Wechsel als nicht mehr machbar erscheint.

Auch wenn es sehr schwerfällt, sollte man vielleicht das lieb gewonnene große Objekt mit Bedacht gegen ein kleineres und altersgerechtes tauschen, oder wie schon angesprochen entsprechend umbauen.

Wenn man sich vorzeitig mit einem solchen Gedanken gründlich befasst, fällt es einem dann auch gewiss nicht mehr so schwer und der Gedanke erscheint dann doch auch nicht mehr so abwegig und unvorstellbar. Hier ist es eigentlich ganz gut, wenn man in einer ruhigen Stunde ab und zu mal ein kleines persönliches Resümee macht und sein bisheriges und speziell sein noch folgendes Leben recht kritisch hinterfragt.

Hier ist eine rosarote Brille oder das Verschieben auf später absolut fehl angebracht, denn der Moment wo dann nichts mehr geht kommt eigentlich schneller als es ihnen dann recht wäre. Auch wenn alles bislang schön im Lot zu sein scheint, lohnt es sich über das wie geht es weiter und was will ich noch tun und erreichen und was ist in der nächsten Zeit aber auch zu beachten.

Zu bedenken ist nun mal eben, es ändern sich nicht nur die Zeiten, sondern auch der Mensch selbst, denn die Phasen im Leben eines Menschen sind sehr unterschiedlich und ändern sich mehrere Male. Aber besonders und stellenweise dramatisch im fortgeschrittenen Alter macht es sich dann überdeutlich, manches Mal auch recht schmerzhaft bemerkbar.

Denn man ist ja mittlerweile auch ein wenig ruhiger, älter und gelassener geworden und die persönlichen Ansprüche sind dann schon lange nicht mehr so ausgeprägt wie einst, aber sie haben sich inzwischen gründlich verändert. Doch die Erkenntnisse dieser Lebens Veränderungen, wenn sie einem dann mal richtig bewusstwerden, kommen gewiss auch erst wenn es fast schon zu spät für große Änderungen ist.

Man muss kein Pessimist sein um seine Zeit auch mal kritisch zu hinterfragen und vielleicht auch ein paar Dinge und Projekte in eigener Sache vorzeitig und rechtzeitig noch auf den Weg zu bringen.

Eigentlich möchte doch jeder Mensch ab einem gewissen Alter von jedem Gedanken der Unruhe und Veränderungen bedeuten würde so weit wie eben möglich Abstand halten. Doch dieser, ach lass mich damit in Ruhe Gedanke ist eigentlich schon verständlich, aber wie schon einige Male angedeutet wurde, sollte man auch im Alter die Realitäten nicht aus den Augen lassen.

Denn eine Ortsveränderung lässt sich in rüstigen Zeiten viel leichter bewerkstelligen, denn im Laufe der Zeit hat sich doch auch sehr viel an Dingen angesammelt, die wenn man denn mal genau hinsieht nur noch Ballast mit hohem Erinnerungswert darstellen, da würde ein Umzug vielleicht das wirklich wichtige und nützliche vom schon fast unnützen trennen und bereinigen.

Erspartes als Vorsorge ?

Der Volksmund sagt, es ist nie zu spät und selten zu früh etwas zu tun, oder zu ändern, tue es solange du dazu noch selbst noch in der Lage bist, bevor es für dich Andere tun oder tun müssen.

Doch wenn man zulange damit wartet, kann der Schuss gewaltig nach hinten gehen, wie sie an Hand der aufgezeigten Fakten und Gedankengänge ersehen können. Es muss nicht alles immer negativ verlaufen, aber von alleine wird es auch nicht positiv.

Etwas auf der Hohen Kante haben, kann Fluch oder auch Segen sein! Ein Spruch der wohl recht viel Wahrheit beinhaltet, wahrlich kennen sie gewiss auch diese bekannten Sprüche:

Geld ist nicht Alles, aber ohne Geld ist Alles nichts

Oder:

Geld macht nicht glücklich, aber beruhigt ungemein.

Doch hat man nun mit diesen Sprüchen auch die Wahrheit getroffen? Vielleicht, denn es kommt auch hier auf die jeweilige Perspektive an die man dabei einnehmen möchte.

Denn richtig und durchdacht zur richtigen Zeit damit umzugehen ist nicht immer leicht und folgerichtig, wenn man eben den richtigen Zeitpunkt verpasst, denn eine Zwangslage ist stets ein schlechter Ratgeber.

Etwas sollte in diese Gedankengänge mit einbezogen werden, denn auch die stille Geldwertminderung und auch eine gelegentliche gering Verzinsung kann ganz kräftig an den mühsam erworbenen Ressourcen nagen, vor allem wenn man mit diesem Zugewinn einmal fest gerechnet hat.

Ruhendes Geld kann richtig Geld kosten, wenn man sich nicht darum kümmert, genau so kritisch ist es aber auch wenn man nur hinter einer hohen Rendite her ist. Was man sich heute leicht erlauben kann, kann in ein paar Jahren nicht mehr möglich sein, somit sollte man schon in jüngeren Jahren für bleibende Werte oder den Grundstock dafür sorgen und bei Zeiten auch überlegt handeln.

Das heißt aber auch auf sehr lange Zeit Werte zu schaffen die nicht irgendeiner spekulativen Richtung entsprechen und nicht absehbaren unabwägbaren Schwankungen unterliegen. Also Anlagen wie Wertpapiere, Aktien oder Rendite versprechende Anlageformen, diese Dinge sind stets in Bewegung und somit unruhige, eigentlich recht untaugliche für ein langfristiges ruhiges Rentendenken. Auch wenn man sich das erlauben kann, sollte man auch darüber mit Bedacht nachdenken, sie sind im Allgemeinen aber langfristig nicht als Alterssicherung eben besonders gut geeignet.

Da sie im Alter keine kräftigen finanziellen Schwankungen gebrauchen können und auch selten auf Dauer auch dann noch verschmerzen wollen.

Denn wenn es auf dem Geldmarkt mal sehr schlecht läuft, was ja immer wieder vorkommt, kann ein Guthaben oder eine sicher geglaubte Anlage sogar richtig Geld kosten, sogar auch ein Totalverlust ist da immer wieder gegeben.

Die diversen Möglichkeiten der Versicherungen sind in ihrer jeweiligen Struktur ebenfalls ja auch Marktabhängig und sind deshalb nur so gut wie der jeweilige gültige Zinsrahmen es zulässt.

Wenn wie es sich zurzeit eindeutig darstellt, kaum noch eine Einprozentige Rendite aus einer egal wie gestaltete Sparanlage zu erzielen ist, dann kommt es schon fast auf eine Geldminderung heraus.

Denn die laufenden Gebühren und Kosten und die allgemeine Inflationsrate werden den Bestandswert bei sehr niedriger Verzinsung sogar beträchtlich schmälern, Geld kann, wenn man darauf nicht richtig achtet sogar richtig Geld kosten.

Eventuell werden zwischen durch sogar auch sicher gedachte festverzinsliche Versicherungen und Anlagen von den Gesellschaften wo diese es eben können auch schonmal aufgekündigt. Kurzfristige große Versprechungen machen viele, doch wie es dann in zehn, zwanzig, dreißig oder vierzig Jahren aussieht kann und will heute keiner mehr richtig beurteilen und ganz gewiss nicht festlegen.

Versicherungen kalkulieren von vornherein ja auch mit einer reibungslosen und gut verzinslichen Geldanlage.

Aber wenn die Verzinsung dann nach einer längeren Laufzeit auf recht wackeligen Füßen steht, möchten die Gesellschaften dieses unrentable Geschäft so schnell wie möglich vorzeitig wieder los zu werden.

169

Man erhält heute kaum noch ein fundierte oder feste Aus oder Zusage von den Versicherungen, man verliert sich dann gern in Floskeln. So wie, es kann, ist möglich oder andere nichts sagende Aussagen die aber dann Meilenweit von einer garantierten Rendite entfernt sind.

Daher sollte man seine Möglichkeiten sehr genau auch auf lange Sicht betrachten, oberste Devise sollte heißen aufteilen und seine Prioritäten schon recht früh mit einem Blick auf das Ganze und Später festlegen.

Aber es ist sehr gefährlich nur auf eine hohe Rendite zu schielen, denn zurzeit ist das Zinsgefüge im Allgemeinen schon recht dürftig. Es beantwortet sich schon von selbst das eine respektable Rendite nur mit eigentlich spekulativen Anlagen zu erzielen ist.

Die persönliche Prioritätenliste könnte so aussehen.

Erstens einen wirklich kleineren schmerzfreien prozentual festgelegten monatlichen Betrag in jungen Jahren sparen, in einem Bausparvertrag oder Sparbuch um später dann ein Grundstück, eine Wohnung oder ein Haus erwerben zu können.

Oder eben für die spätere noch in der Ferne liegenden Altersversorgung eben einen dauerhaften Wert zu schaffen, oder einen geringfügigen Dauersparvertrag mit langfristiger Kündigungszeit bei der Bank abschließen. Diese langfristige Kündigung behindert sie bei einem schnellen Zugriff, aus einem vermeintlichen ganz dringenden Bedarf.

Zweitens einen überschaubaren monatlichen Betrag für die Festigung oder Verbesserung des Lebensstandards einplanen und zurückzulegen was auch eine gewisse beruhigende finanzielle Pufferzone darstellen kann.

Drittens wenn dann noch die Möglichkeit besteht, vielleicht etwas auf dem Geldmarkt zu investieren, hier kann auch noch versucht werden etwas Rendite zu erreichen. Doch die dritte Möglichkeit sollte total unabhängig von den vorab genannten Positionen, nicht zu Lasten der Position zwei und gar nicht zu der Position eins gehen, oder diese festen Posten in Gefahr bringen.

Zudem wäre es keine schlechte Idee für jeden der einzelnen Geldbereiche ein voneinander unabhängiges Konto zu führen. Die sich bei Turbulenzen nicht zwangsläufig miteinander vermischen lassen und negativ beeinflussen würden. Somit haben sie zu jeder Zeit stets auch eine bessere Übersicht über das Geschehen in den einzelnen Positionen.

Grundsätzlich ist zu Bedenken das die persönliche Balance zwischen Einnahmen und Ausgaben sich auch an der späteren Wertschöpfung orientieren sollte und jeder Zeit übersichtlich bleiben. Es ist wie schon erwähnt gar nicht so einfach alles in übersichtlichen Bahnen zu halten, vor allem für einen Nichtkaufmann, für Einen, nennen wir ihn Hobbyfinanzier.

Vor allem sollte, wenn man sich schon spekulativ etwas betätigt, dann eine gute Streuung in den verschiedenen vorhandenen Anlagemöglichkeiten und normaler Rendite und Laufzeiten gewählt werden, sonst könnte das ganze schnell Glückspielartige Formen annehmen.

Wenn man jetzt, vor allem doch im spekulativen Bereich sich bewegt, dann sagt, in keinem Fall ein unnötiges Risiko eingehen, dann wäre es fast so, als wenn bei Regen sagt mach den Schirm nicht auf, der könnte sonst nass werden.

Denn zu bedenken ist auf jeden Fall, eine mögliche Verlustphase kommt hierbei selten mit einer Ankündigung daher. Um dann den Negativbereich schnell wieder zu verlassen steht auch nicht selten ein langfristiger, beim Abschluss einmal hoch gelobter Vertrag im Wege.

Wie schon erwähnt, wäre hier ein Monatlich, geführtes Haushalt oder Kassenbuch auch eine sehr gute Entscheidungshilfe. Das könnte vor Einer vielleicht unbedachten Geld und auch Finanz Aktion schützen, man behält vorab dadurch doch leichter die so wichtige Übersicht.

Da reicht ein monatlicher Abgleich des Kontoauszugs nicht, denn dann ist das finanzielle Fiasko vielleicht schon passiert, denn ein Auszug kommt ja bekanntlich immer erst nach einer Kontobewegung. Also nicht nur auf seine Auszüge schauen, diese Handhabung ist zum Voraussehen und Planen total ungeeignet, eine klare Übersicht im Geldgeschehen sieht völlig anders aus.

Von spekulativen Geld Geschäften, im Sinne etwas für später zu haben, sollte man im Grunde die Finger lassen, wenn dann doch kann sich das eigentlich nur jemand erlauben, der es sich auch ohne jede Einschränkung seines alltäglichen Lebens auch leisten kann.

Aber auch mit großem Geldbeutel bestückt, kann es zu sehr heiklen Finanzproblemen kommen, wenn die gedachte oder angepriesene Rendite sich plötzlich in das Gegenteil umkehrt.

Denn leider zeigt sich immer wieder, dass der Reiz des vermeintlichen schnellen Geldes, auch viele auf den Zug aufspringen lassen, die sich das rechnerisch gar nicht erlauben können und sollten

Man sollte auch bedenken, dass schnell erworbenes Geld, auch schnell verdorbenes Geld sein kann, hier kommt auch ein alter Spruch zum Tragen.

Wie gewonnen, so zerronnen!

Auch wenn man für eine Zeitlang reichlich über Geldmittel verfügt und man sich so manches Extra erlauben kann, gibt es von niemanden eine Garantie das dieses auf längere Sicht auch so bleibt und dass sich vollmundige Angaben auch wirklich als gut und sicher darstellen.

Selbst eine als Bombensicher geglaubte Anstellung oder auch Rendite kann eigentlich auf Dauer keinen Bestand haben, so sollte man immer damit rechnen das die Bombe auch mal platzen kann. Es kann eine nicht vorhersehbare gesundheitliche oder sonstige Änderung der Lebensumstände dann auch alles komplett in Frage stellen.

Wohl dem der mit ein wenig Bedacht etwas vorgesorgt hat und nicht nur Gedankenlos drauflos gelebt und gehandelt hat. Über genügend Geld zu verfügen und damit zu leben kann Spaß machen, aber bedenken sollte man auch eins, bei Geld hört meist der Spaß wie auch viele Freundschaften auf.

Bei Geld kann man grundsätzlich sagen, man sollte nicht überaus Ängstlich sein, aber zu mutig sein ist die wohl schlechteste Entscheidung. Denn eine gehörige Portion Bedacht und Vorsicht ist stets angebracht, ich neige dazu den bekannten Werbespruch wir wollen nur ihr Bestes, etwas zweideutig zu sehen, denn mein Bestes wäre ja mein Geld und das bekommt nicht jeder.

Es gibt unzählige Personen die lange Zeit auf sehr hohem Niveau gelebt haben und dann aber stellenweise über Nacht plötzlich vor dem Nichts gestanden sind, da reicht unter Umständen nur eine kleine Nachlässigkeit, da muss noch nicht einmal eine Fehlinvestition geschehen sein.

174

Nur weil man nicht rechtzeitig mit Bedacht und der nötigen Umsicht gehandelt hat und den fälligen Ausstieg macht, eben die nötigen Entscheidungen nicht gesehen und zur richtigen Zeit getätigt wurden.

Das was einem so auf dem Geldmarkt angeboten wird, hört sich oft sehr gut an, aber es muss auch nicht unbedingt zu ihrem persönlichen Vorteil gedeihen, aber eins ist gewiss und sicher, irgendjemand wird gewiss seinen Vorteil davon haben. Mit Geld und Werten sorgsam umgehen ist oft schwerer als man sich das denken mag, im seltensten Falle regelt der Markt sich selbst und noch seltener dann auch noch zu Gunsten des Sparers und Anlegers.

Mit allen Fakten die hier angesprochen wurden, sollte keiner leichtsinnig umgehen, oder nach dem Motto handeln bis jetzt ist ja alles gut gegangen und die Zeit wird es schon, wenn nötig richten. Besonders nicht, wenn man normaler Arbeitnehmer oder Angestellter war. Bedenken sie stets, Wasser ist eigentlich flüssiger als Geld, doch dieses zerrinnt sehr oft viel schneller in der Hand als eben dieses Wasser.

Eine doch recht bekannte Lebensweisheit besagt nun mal:

Es ist gar nicht so leicht und einfach
auf reelle Weise ans Geld zukommen,
doch wenn man es dann hat,
noch viel schwerer darauf aufzupassen.

Geld ist empfindlich wie ein rohes Ei
einen Moment nicht richtig aufgepasst,
schon ist es kaputt und nicht mehr existent.

Egal in welcher Lebenslage und Alter sie sich befinden, es ist und bleibt stets eine nicht immer leichte Rechenaufgabe, bedenken sie immer eins, das Leben ist eins der schwersten, aber sie haben eben auch nur dieses Eine.

Auch ein Erfahrungsgemäß schmerzlich bekannter Spruch sollte einem eben falls geläufig sein:

vertrocknetes Korn wird nicht wieder grün,
auch wenn man es dann noch so fleißig gießt.

Man sollte also genau wissen wann und wo man sich in wie weit involviert und einbringt, oder wo man lieber die Finger davonlässt.

Als Gegenpol hört man an dieser Stelle auch schonmal den allseits bekannten Ausspruch, wer nichts wagt kann auch nichts gewinnen, doch das ganze Leben als Glückspiel zu betrachten ist eigentlich auch keine Lösung

Ein Blick in die allgemeine Arbeitswelt.

In der Arbeitswelt gibt es ja unzählige Angestellte und normale Arbeitnehmer, diese Zahlen bewegen sich in dem mehrfachen Millionenbereich. Ohne diese Tätigen auf dem internationalen Arbeitsmarkt würde nirgends auf der Welt eine Wirtschaft auch nur annähernd funktionieren.

Zudem kann ja auch nicht jeder in einem höher gestellten Arbeitsverhältnis sein, wer würde dann noch die normalen wichtigen täglichen Tätigkeiten machen.

Ohne diesen Personenstand der einfachen Tätigen würde auch kein noch so hoch angesiedelter Mensch in der Gesellschaft sein Leben fristen können. Denn es würden ihm die Personen für die Umsetzung seiner manchmal sehr hochtrabenden Gedanken und Vorstellungen fehlen, denn alleine würde er eigentlich gar nichts zuwege und fertig bringen.

Wenn man nun diesen Gedanken auf die Europäischen und speziell auf die Deutschen Bereiche komprimieren würde, sähe es doch stellenweise recht düster aus.

Vor allem wenn man dann noch den Globalen internationalen Bereich einbezieht, also wieder die große Allgemeinheit, dann ist eigentlich der geehrte und gelobte Kommandogeber nur dann erfolgreich, wenn er über genügend Leute zur Umsetzung verfügen kann.

Diese für viele Kommando gebende und auch einzeln herrschende Personen sind genau genommen diese breite Masse an Arbeitern und Angestellten wie das Blut in seinen Adern, ohne diese wäre er eigentlich gar nicht lebensfähig, eben ein nichts. Wenn man bedenkt wie viele so genannte einfache Arbeitsnehmer in Deutschland gerade mal im Bereich des Existenz Minimums und vor allem dann in der späteren Rentenzeit leben müssen.

Selbst das einfachste Rentnerleben geht natürlich wiederum auch nur wenn man vorher seinen Anteil dazu selbst beigetragen hat und dafür regelmäßig eingezahlt hat, viele der so genannten Kleinselbstständigen vergessen das aber viel zu oft.

Das man stets eine Sozialversicherungsanmeldung hat und dass der jeweilige Chef auch eine Anmeldung getätigt hat und zudem auch noch mit richtigen Angaben versehen sind, da sollte man stets und unbedingt ein Auge draufhaben.

Vor allem in den jüngeren Jahren macht man sich verständlicher Weise kaum Gedanken über die noch so fern liegende Rentenzeit. Man geht vielleicht dann auch mal auf Dinge ein die erst wesentlich später ihre negative oder positive volle Wirkung zeigen.

Stellt sich hier doch wohl die Frage, wieso kann man nach dem langjährigen meist doch mühsamen Arbeitsleben nicht mit einem ausreichenden Budget leben.

Das eigentliche Problem für sehr viele Personen kommt aus den so genannten Billiglohnbereichen, denn hier werden so gut wie gar keine nennenswerten Beträge für eine Altersversorgung erschaffen, wenn überhaupt.

Hier kommt dann wieder ein Sinnspruch voll zur Geltung:

Nimmt man einem Schwein das Futter weg,
dann hat man später weniger Fleisch und Speck.

Leider gibt es aber zu viele Beschäftigungsbereiche die kein vernünftiges Auskommen mehr erbringen und man froh ist, dass man das tägliche Leben gerade noch so bewerkstelligen kann, da fällt der Gedanke an die spätere Rentenzeit besonders schwer und hört sich fast schon zynisch an.

Da gibt es aber ungeheuer schwarze Schafe als Arbeitgeber auf dem Arbeitsmarkt, die einzig und alleine nur ihre eigene Rendite in Betracht ziehen und dafür sich über alle humanitären Grundsätze hinwegsetzen.

Dieses eigentliche Menschenverachtende handeln ist aber auch ein schweres Vergehen im Sinne des allgemeinen Marktverständnisses. Denn durch diese einseitige Bereicherung geht dem Markt ein großes Volumen an Umsatz verloren, weil eine Vielzahl von Leuten sich extrem einschränken muss und selbst auf normales im Lebensalltag verzichten müssen.

Diese Schraube dreht sich aber nicht nur kurzfristig, sondern wirkt sich auch in den viel späteren Zeiten noch extrem negativ aus. Denn wenn man heute schon wenig, kaum noch für das momentane Leben genug verdient wird man auch später beachtlich weniger an Rente erhalten.

Diese Selbstbereicherung einiger Arbeitgeber ist zurzeit ein richtig großes Problem und wird leider von zu vielen maßgeblichen Personen gewissenlos ausgeübt. Selbst öffentliche Arbeitgeber bedienen sich dieser schon als wirklich unmenschlich inhumanen zu bezeichnenden Beschäftigungsart.

In öffentlichen kommunalen Verwaltungen oder auch bei durch den Staat unterstützten Organisationen müsste eine Beschäftigung im Billiglohn Bereich umgehend untersagt sein. Denn es ist doch widersinnig das die eine Abteilung Gewinn durch Billiglohn erwirtschaften will, und im Gegensatz dazu die andere den Beschäftigten Unterstützung zahlen muss.

Selbst in Großbetrieben wird mit der Ausweglosigkeit und der großen Armut vieler Arbeitnehmer ein gewissenloses gewinnorientiertes Geschäft betrieben. Irgendwann wird der Gesetzgeber hier einen Riegel vorschieben müssen, um zu vermeiden, dass die gesamte Bevölkerung in einer dann schon normalen Armut versinkt.

Mit einer Selbstbeschränkung und ernsten Aufrufe an die Verantwortlichen ist es nicht getan, denn auch dieser Personenkreis lebt nur davon, dass sie immer neue Erfolge und Einsparungen aufzeigen können.

Denn so manche Arbeitsstelle wird bewusst nur auf kurze Zeit mit Billiglohn Arbeitern kalkuliert, um eine gewisse zeitliche Enge zu kompensieren.

Solch problematische Arbeitsverhältnisse auf Abruf machen doch auch die geduldigsten Mitarbeiter irgendwann aufmüpfig und das kann auch einen Sozialen Unfrieden heraufbeschwören, was noch nie einem Unternehmen gutgetan hat.

Es gibt auch leitende Personen in großen wie auch kleineren Betrieben die nicht davor zurück schrecken einen Verkauf der Firma oder einen maßgeblichen Teil davon, vorher natürlich „schlecht gerechnet" zu verkaufen.

Um eine betriebswirtschaftliche Umstrukturierung der Firma zu ermöglichen, und dazu muss man sich unbedingt dann vom Überbestand der Belegschaft irgendwie günstig entledigen.

Doch es ist offensichtlich, auch dieses lässt sich auch nicht unendlich so weiterführen und so zerstören sich diese Herrschaften dann ihre Positionen auch schon mal selbst, dass erinnert eher an ein gefährliches Pokerspiel, als einer Firmenführung.

Denn wenn diese Handhabungen noch lange anhalten würden, wäre auch eine gewisse Unruhe in der breiten Bevölkerung und deren Folgen nicht mehr zu steuern und absehbar.

Doch um dieses zu vermeiden und zu ändern wird der Gesetzgeber in absehbarer Zeit nicht herumkommen.

Altersversorgung heute?

Es kann eigentlich auch nicht an den vielleicht irgendwann verpassten Gelegenheiten liegen, sondern im Grunde am grundsätzlichen System der Altersversorgung, Berechnung und Handhabung.

Denn der Anteil derer die heute noch normal in die Rentenkasse durch Abzüge einzahlen wird auch immer kleiner durch den Minijob und dem immer späteren Eintritt in eine Beschäftigung, somit geht ganz langsam eine gute wohlgemeinte Einrichtung in die Knie.

Waren es vor einigen Jahren noch einige wenige die kurzfristig in den Leiharbeitsfirmen und im Billiglohnsektor vorüber gehend tätig waren, so kann man heute diese Zahl kaum noch überschauen und das wirkt sich wie schon erwähnt mittlerweile beängstigend für die Allgemeinheit aus.

Zudem werden viel zu viel an angesammelten Finanzen bei den Rententrägern außerdem in fast sinnfalschen Bereichen, als der einer reinen Altersversorgung eingesetzt und das nur um momentane Engpässe oder negative Stimmungen in der Bevölkerung zu befrieden.

Das hat wiederum zur Folge, dass das entstehende Minus nun durch die prozentuale Erhöhung der Rentenkassen Einzahlungsbeträge oder durch die Senkung des allgemeinen Rentenniveaus abgefangen werden muss. So entsteht dann doch eine endlose Spirale, die der Rentnerallgemeinheit zugemutet wird und der Level der normalen Rente immer weiter unter Druck setzt.

Doch das ist eigentlich Kontraproduktiv und widersinnig denn etwas mehr Rente im Alter würde doch auch eine höhere Kaufkraft von sehr vielen Leuten, wir reden hier von einigen Millionen Menschen bedeuten.

Stellt sich wiederum eine Frage wieso muss denn Jemand eventuell, auch wenn man kaum noch richtig krabbeln kann, auch trotzdem noch einen Hinzuverdienst anstreben muss, wohl möglich auch so was wie Leergut sammeln und dergleichen mehr.

Das kann eigentlich auch nur geschehen, weil es weit und breit so gut wie keine funktionierende Lobby für Rentner gibt. Es gibt zwar einige Organisationen die ganz groß das Wort Sozial in ihrem Logo führen aber an diesem Thema Rente nicht den nötigen ernsthaften Gefallen daran finden.

Als Arbeitnehmer wurde man stets von irgendeinem eifrigen Gewerkschaft Funktionär umworben aber als Rentner keineswegs mehr. Denn dieser Personenkreis ist ja eigentlich auch außerhalb der praktizierten Geschäftsinteressen und Bereichen einer Gewerkschaft, denn ein Rentner ist für die Gewerkschaften mit seinem Einkommen und alltäglichen Belangen nicht mehr interessant genug und vor allem bei Streik kein Druckausübender mehr.

Da ein Rentner bei einem Streik, in einer Berechnung für Lohnquerschnitt und einer Quotenforderung ein nicht mehr auftauchender Faktor ist und deshalb auch nicht mehr hinzugezogen werden kann, also uninteressant ist.

Es sei denn es ist ein unverbesserlicher eingeschworener Gewerkschafter, aber dann ohne anrechenbare Kompetenz, eben nur noch ein Mitläufer.

Eine Gewerkschaft wettert stets gewaltig, wenn die Sozialabzüge zu hoch und die Löhne zu niedrig erscheinen, regelmäßig wird deswegen gestreikt, nur für eine Besserstellung von unzähligen benachteiligten Rentnern wird nicht gestreikt.

Von den skandalösen Zuständen auf dem Arbeitsmarkt wie vorher schon beschrieben ganz zu schweigen, hier wäre genau genommen auch ein sehr dankbares Betätigungsfeld für die Gewerkschaften.

Doch diese wirtschaftliche Besserstellungen würden jedem einzelnen und der Wirtschaft im Allgemeinen später sehr zu Gute kommen, wenn diese höhere Leistung auch diesem Einzahler wirklich mit einem dann höheren Rentenlevel zu Gute käme.

Dafür aber fehlt auf der ganzen Linie die Unterstützung einer starken Organisation, denn Rentner können eben nicht streiken und verlieren dadurch auch ihre eigentliche früher maßgebliche Stimmkraft für diese Organisation.

Das einzig Interessante an den Rentnern ist leider nur noch das doch große Finanzvolumen bei der Versicherungsanstalt, da sind dann viele Augen auf so ein allgemeines Guthaben gerichtet und es weckt sogleich nicht ganz lautere Begehrlichkeiten von vielen Seiten. Wie in der Vergangenheit wirklich schon immer wieder geschehen ist.

Da werden diese eigentlichen Sparguthaben dann für gänzlich andere staatliche Sachen und Bedürfnisse als eine willkommene Zwischenfinanzierungen benutzt.

Angeblich sollte es ja damals nur vorübergehend sein, sie sind aber in Wirklichkeit nie wieder zurückvergütet worden, der Vorgang wurde dann entweder totgeschwiegen oder aber ist auch nur irgendwann schön gerechnet worden.

Das große Guthaben der Rentenversicherung ist aber das eigentliche Rückgrat dieser Versicherung und wurde mittlerweile schon oft zu einem begehrlichen Gegenstand der diversen Regierungen und verschiedener Institutionen und auch nicht zuletzt auch schon mal Zweckentfremdet eingesetzt wurde.

Man hat schlicht und ergreifend mit normalen Worten gesagt, das öffentliche Sparbuch der Rentner ohne zu fragen und zögern geplündert, als Begründung war dann nur zu vernehmen, dass dieses nur im Interesse der Allgemeinheit geschehe.

Ich frage mich allen Ernstes, würden die gleichen Beträge aus den fast unerschöpflichen Pfründen von Großkapitalisten in diesen Größenordnungen entnommen, was würde denn dann wohl passieren.

Würde wirklich die gesamte Wirtschaft zusammenbrechen, wohl kaum, denn diese Verwalter von unermesslichen Geldmengen würden schon einen Weg aus diesem Dilemma finden, auch wenn sie sich dafür dann Bettelarm rechnen müssten.

Kritische Gedanken, oder eine Lobby für Rentner?

Im Gegensatz zu Rentnern haben diese Interessengruppen ihre starke Lobby und auch hoch bezahlte Interessenvertreter die diese Problematik Rücksichtslos verhindern würden. Hier muss man einmal schon etwas ketzerisch nachfragen wo ist bitte sehr die Lobby, einer der wohl größten Interessen und Verbrauchergruppe der Bevölkerung, der Rentner?

Es gab da mal vor Jahren eine Interessenvertretung damals als Graue Panter bezeichnet, zu Anfang war der Grundgedanke schon frappierend und kurzfristig auch Wirkungsvoll, es war eigentlich das was man sich als Rentner eigentlich nur wünschen konnte.

Aber da waren dann mit der Zeit nur noch Selbstbestätigung und Profilierungssuchtvorgänge und auch sachbezogenes Unvermögen zu vermelden und der indirekte Untergang einer sehr wichtigen und wirklich notwendigen Einrichtung nahm seinen Lauf.

Bis heute hat sich auch noch Keiner oder keine sozialwirtschaftlich denkende Institution wirklich berufen gefühlt diese hoch brisante aber absolut sehr wichtige Aufgabe ernsthaft zu übernehmen, außer einigen plakativen Äußerungen sind da mit der Zeit nicht getan worden.

Es ist und wäre doch sehr wichtig diese zugegeben sehr vielschichtigen Interessen und Bedürfnisse einer so großen, stellenweise auch benachteiligten Bevölkerungsschicht zu vertreten. Man müsste unter Umständen noch nicht einmal einen Verein oder ähnliches dafür gründen.

Es gäbe da schon einige, aber die befassen sich lieber zurzeit mit anderen Angelegenheiten, die dann vielleicht auch mehr Profilierung für die jeweiligen Akteure versprechen.

Selbst viele als Sozial offiziell ausgeprägte Verbände und Vereinigungen sehen sich nicht direkt gefordert, sich mit dieser Klientel und deren Probleme intensiv zu befassen.

Ganz im Gegenteil diese Organisationen die fast Marktschreierisch ihre sozialen Wohltaten heraus stellen, lassen allzu gerne viele Armutsbedrohte und Bedürftige auf einer Minijob Basis für sich arbeiten, obwohl sie schon für ihre deklarierten Tätigkeiten reichlich Zuschüsse einkassieren, die aber dann vielleicht nur noch in ihrer Bilanz auftauchen.

Viele Leute übersehen, dass gewisse Führungspersonen die sowieso schon beachtliche Gehälter bekommen dann noch Prozentuale Prämien kassieren, wenn die so aufpolierte Bilanz des von ihnen geleiteten Unternehmens positiv ausfällt.

Vielleicht liegt das Ganze auch außerhalb des aktuellen Interessentenkreises der politischen Gremien, nur das warum verschließt sich mir absolut, denn wieso verzichten Parteien und Interessengruppen freiwillig auf schlagkräftige Argumente.

Leider wird nur halbherzig von nur einigen Personen ab und zu eine die Rentnerprobleme betreffende Aussage oder Forderung gemacht, eine so große wahlberechtigte Personengruppe wird da einfach übersehen.

Wenn eine starke Interessenvertretung oder Partei generell als ernsthafte Lobbyisten Vereinigung den leider fehlenden Alleinvertretungsanspruch für die Rentner einnehmen würde, dann hätten sie ein großes fast uneinholbares Stimmenpotential. Aber auch nur, wenn sich diese Klientel nicht auf viele Interessenvertreter und Gebiete wieder zerteilt.

Zugegeben diese Bevölkerungsgruppe hätte vielleicht nicht so eine Durchschlagskraft wie die der Arbeitsnehmer, denn es fehlt das Druckmittel eines Streiks, aber da werden sich gewiss auch andere Druckpunkte finden lassen.

Zusätzlich ergeben sich dann sogar auch noch daraus andere interessante Geschäftsbereiche wie Beispielsweise im sehr umfangreichen Beratungssektor und Bedarf, oder auch der rechtlichen Betreuung.

Denn wie schon beschrieben es ist doch ein sehr umfangreiches, eben sehr großes und fast unübersichtliches rechtlich kompliziertes aber doch auch dankbares Betätigungsfeld.

Außerdem gibt es ja auch Rentner die keine direkt so gravierenden Probleme haben, aber auch sie wären gewiss froh, wenn sie bei auftauchenden Problemchen einen kompetenten Ansprechpartner hätten.

Diese große Bevölkerungsschicht der Rentner im Allgemeinen stellt, wenn man es ganz nüchtern betrachtet, eigentlich nur eine große wirtschaftliche aber auch eine nicht zu verachtende moralische Masse an Personen dar, die es wert ist richtig und vernünftig vertreten zu werden.

Die Verordnungen und kleinen Fallstricke die auf einen zukünftigen Rentner warten sind nicht gerade einfach zu durchschauen, da tun sich selbst Rechtsanwälte schwer die nicht diese Angelegenheiten zu einem ihrer Schwerpunkte auserkoren haben.

Ja es ist doch wirklich unverständlich warum sich keiner dieses Potentials bisher bedient, den eigentlichen Grund wird man wohl so schnell nicht erfahren. Es gibt wohl einige verschiedene Hilfe versprechende Vereine und Institutionen die aber mehr regional tätig sind und wiederum mit unterschiedlichen und verschiedenen Stimmen wirken.

Vielleicht liegt aber auch an den Rentnern selbst denn wenn man einen Rentenanwärter erst mal dafür sensibilisieren muss das er sich um seine ureigenste Angelegenheit der zukünftigen Rente frühzeitig kümmern sollte, braucht man sich wiederum nicht wundern, wenn das Interesse und Unterstützung auch von dieser Seite, der Interessenvertreter später fehlt.

Aber eins ist unumstößlich und ganz sicher, auch einige derer, die den heutigen Rentner vielleicht etwas abwertend betrachten, werden absehbar auch Personen im Ruhestand sein. Auch sie werden einmal Rentner sein und wären dann vielleicht froh, dass sich jemand ernsthaft mit den nun dann urplötzlich eigenen Problemen befassen würde.

Es ist ganz offensichtlich, es sollte schon heute ein starkes Gremium vorhanden sein das sich mit den Sorgen der Rentner und derer die es früher oder später dann noch werden, sich ernsthaft befassen und einsetzen würde.

Denn es ist absehbar auch sie werden so ein Gremium dann selbst bestimmt dringend irgendwann brauchen. Rentner sein lernen, kann man eigentlich gar nicht früh genug, wenn sie das bisher vernachlässigt haben dann fangen sie mit dieser doch sehr wichtigen Lehrzeit umgehend an.

Lieber etwas spät als gar nicht, denn es gibt da doch recht viel Wichtiges am besten recht frühzeitig besonders bei den Frauen zu beachten.

Eins kann man ganz deutlich noch einmal sagen, wenn Rentner sein und werden ein Lehrberuf wäre, würde ihn kaum einer freiwillig lernen, diese Erkenntnis kommt im entsprechenden Altersbereich fast ganz von alleine, aber dann doch reichlich zu spät.

Aber für das Alter lernen sollte man trotzdem nie aufgeben, denn was heute Recht ist kann Morgen schon nicht mehr stimmen, auf alten Erkenntnissen die man sich vielleicht mühselig zu gelegt kann man sich nicht ausruhen, sie wandeln sich ja immer wieder und gewiss nicht immer für jeden in positiver Form.

Resümee und Nachwort !

Man kann noch so Jung oder Alt sein, eins ist ganz gewiss Unwissenheit schütz nicht vor Schaden was einem eigentlich am meisten dann ärgern könnte, weil man niemand Anderem seine Nachlässigkeit und Eigenschuld zuschreiben kann.

Stets auf dem Laufenden sein, sich im ein oder zweijährigem Turnus mit den Neuerungen befassen und auch die eigenen Unterlagen durchchecken und behüten, kann vor späterem Verlust schützen,

> *„ Was man Schwarz auf Weiß besitzt,*
> *kann man beruhigt nach Hause tragen,,*

So sagt es ein altes Sprichwort doch auch hier sollte man den gelegentlichen kritischen Blick nicht vergessen und stets auf Aktualität hinterfragen. Denn auch ein noch so behüteter Stapel alter Dokumente schütz niemanden vor Schaden, wenn man nicht vorzeitig selbst für sein Alter gesorgt hat.

Denn die vor Jahren festgelegten Kriterien, die man ja Schwarz auf Weiß besitzt können sich mittlerweile so geändert haben das sie heute noch nicht mal das Papier wert sind worauf sie geschrieben sind.

Sie werden nicht umhin kommen den ebenfalls alten Spruch ständig zu bedenken, Vertrauen ist gut, aber vorzeitige Kontrolle ist besser und wenn man das Rechnen dabei auch nicht vergisst, das schützt dann vor allzu unangenehmen Überraschungen.

Aber das oberste Gebot für beide Geschlechter sollte in jedem Falle heißen nicht erst im nahen Dunstkreis der Rente über diese nachdenken.

Denn nach dem Renteneintritt könnte doch noch mehr als fünfzehn Jahre genügsames, oder aber auch ein erlebnisreiches Leben auf sie warten. Um dann vielleicht feststellen zu müssen das man den richtigen Zeitpunkt zu einer gründlichen Änderung oder Verbesserung vom eigenen Status verpasst hat.

Ein stabiles Kontoguthaben ist schon ein beruhigender Faktor aber wenn man stets Monat für Monat davon zu seinen Altersbezügen beisteuern muss ist die Lebenszeit dieses Kontos doch schon absehbar und begrenzt.

Aber vorzeitig sein Rentenkonto damit aufgebessert bedeutet dann doch eine unbegrenzte Zeit einer vernünftigen Rente, ein gründliches frühzeitiges Informieren ist dabei natürlich eine wichtige Voraussetzung.

Wie schon einige Male besonders betont wurde, ist es sehr wichtig, dass sich speziell die Frauen sich selbst mit dieser Materie immer wieder auseinanderzusetzen und nicht im blinden Vertrauen anderen das Denken und Handeln überlassen.

Diese Ermahnungen und Erklärungen wie sie vorab beschrieben und erklärt wurden sollte man nicht auf die leichte Schulter nehmen, denn das Alter kennt da keine Gnade, was man vor Jahren aus Bequemlichkeit oder Unwissenheit versäumt hat kann im Alter dann eine sehr schmerzliche Erfahrung einbringen.

Denn neben Gesundheit und Vitalität gehört eben auch ein vernünftiges finanzielles Auskommen im Alter zu einem zufriedenstellenden Leben im Alter.

Denn der soziale Zusammenhalt und Umtrieb gehört einfach dazu und den können sich leider viel zu viele ältere Menschen dann einfach nicht mehr erlauben, denn auch das kostet immerhin wieder Geld, hier droht eine nicht zu unterschätzende Vereinsamung.

Als Großeltern möchte man seinen Enkelkindern ja auch mal eine kleine Freude bereiten, ohne dafür Hungern und Darben zu müssen.

Auch wenn dann die Gesundheit nicht mehr so recht mitmachen will, kommt auch ein größeres Problem auf sie zu, wenn eine Pflegekraft benötigt wird, oder sogar ein Pflegeplatz in einem Heim nötig wird. Da kommen schon gewaltige Ausgaben auf sie zu, die wirklich nicht für eine kleine Kasse geeignet sind, von staatlicher Seite kommen nur begrenzte Beträge, im schlechtesten Falle müssen ihre Kinder auch kräftig hinzuzahlen.

Oder im schlechtesten Fall muss das geliebte mühsam erbaute Heim dann sogar verkauft werden, um anfallende Heimkosten zu bewältigen. In diesem Falle könnte man tatsächlich sogar etwas Angst vor dem Alt werden bekommen.

Weil vielleicht Ihre Rente eben doch sehr dürftig ausfällt, oder dass, sie vielleicht sogar eine Unterstützung, in Form vom Mietfreiem Wohnen oder dergleichen von Ihren Nachkommen bekommen müssen.

Zugleich sollten sie, eigentlich auch schon länger auch an das Danach, an Ihr danach gedacht, denn der Spruch nach mir die Sintflut ist wohl für ihre direkten Verwandten, ihre Frau und Kinder das reinste Waterloo, wenn sie und Ihre Partnerin keine Vorsorge mit einer Patientenverfügung oder Testament gemacht haben.

Ich hoffe, dass ich sie nicht zu arg erschreckt habe in der Aufzählung von diversen Fallstricken und negativen Faktoren die mit dem Älter werden ein hergehen und ganz gewiss auch auf sie zukommen werden.

Ihr Grundsatz sollte aber lauten, das Älter werden und vor allem das Alt sein sich nicht vermiesen lassen, stattdessen dieses soweit es geht auch genießen. Denn mit jedem neuen Tag ihres Arbeitslebens kommen sie diesem insgeheim doch angestrebten Altersabschnitt automatisch näher und das obwohl sie sich das finanziell noch nicht, oder dann nicht mehr erlauben können.

Aber wirklich ruhig genießen kann man erst, nachdem man frühzeitig alles durchgerechnet, bedacht und kalkuliert hat, dann kann man dies auch in die Tat umsetzen und in aller Ruhe richtig genießen. Dann könnte man doch den „Beruf eines Rentners„ doch tatsächlich auch sogar gerne solange es gesundheitlich geht ausüben.

Wenn diese Zeilen in dieser Niederschrift bei Ihnen hier und da Mal einen Schrecken ausgelöst haben sollte, dann ist der Grundgedanke zu dieser Niederschrift voll und ganz erreicht worden. Ich wünsche Ihnen eine gedeihliche Zeit in allen drei erwähnten Lebensphasen.

Aber ganz besonders die im Rentenalter, auf das Sie sich etwas mehr leisten können, als nur mit den Enkeln spielen, sondern denen gelegentlich auch etwas von der weiten Welt und der Natur Hautnah zeigen können.

Im Stenogramm Stil würde es so aussehen, in den dreißiger Lebensjahren spätestens mit kleinen Summen für einen kleinen finanziellen Rückhalt sorgen, in den Fünfzigern nach Einzahlungslücken in ihrer Rentenversicherung forschen, um mit dem gesparten diese dann zu stopfen, um mit dem entsprechenden Alter, oberhalb der Fünfundsechzig dann beruhigt die Rente auch genießen zu können.

Wie sie lesen konnten hat auch das Alt werden so seine Tücken, doch eigentlich erfreulich ist auch der Umstand, dass eben nicht alle angehenden Senioren die unangenehmen aufgezeigten Begebenheiten erleben müssen, weil das Leben ihnen hold war, oder das sie früh genug das Richtige getan haben.

Doch dass es auch die dunkle Seite in dieser Thematik gibt beweisen schon alleine die vielen sichtbar alten Leute als Flaschensammler oder Gelegenheitsjobber.

Der Autor wünscht ihnen ein gutes Gelingen bei ihrer Rentengestaltung und ein langes gesundes unterhaltsames Rentner Dasein.

Harry H.Clever

Ausklang – Nachwort!

Der Begriff, Rente wurde in zurückliegenden Zeiten gerne auch als ein Generationenvertrag benannt, damit ist aber in der heutigen Zeit das etwas verzerrende Bild entstanden, dass die neuen jungen Arbeitnehmer als die alleinigen Spender und Zahler eines Versorgungsbetrages für alte Personen sind und damit eine gewisse negative Einstellung sich bei diversen Menschen eingestellt hat.

Dabei wird dann aber wohl nicht bedacht, dass die Eltern und Großeltern dieser kritisch denkenden Menschen ja auch schon Rente bezogen haben.

Die wiederrum von den damals Jüngeren indirekt auch durch ihre Lohnabzüge gezahlt, besser gesagt angespart worden ist, ganz nach dem Motto: Einer für Alle, Alle für Einen, diese alte Abfolge lässt sich auch nicht einfach wieder umkehren oder verändern.

Denn die nötige Versorgung und Unterstützung in der Familie, für die Altvorderen zu sorgen hat damals, um 1800 ja auch schon nicht richtig funktioniert und es würde auch heute nicht klappen.

Wenn das Jemand als ungerecht ansieht, der würde ja auch indirekt seinen Eltern die Altersunterstützung versagen, Egoismus wäre hier wohl die verkehrteste Einstellung, denn auch ein Verweigerer wird einmal Alt und Rentner.

Eine wirklich ernste Ermahnung sei hier auch angeführt:

*Ehre und Gedenke gerne deiner Vorfahren und Ahnen,
denn ohne Sie würde es dich ja gar nicht geben!*

Zeitfracht Medien GmbH
Ferdinand-Jühlke-Straße 7
99095 Erfurt, Deutschland
produktsicherheit@kolibri360.de